伟大的博物馆·少年版

莫斯科普希金博物馆

宋雨恬 编著

河北出版传媒集团
河北教育出版社

图书在版编目（CIP）数据

莫斯科普希金博物馆 / 宋雨恬编著 . -- 石家庄：河北教育出版社，2023.8
（伟大的博物馆：少年版）
ISBN 978-7-5545-7696-0

Ⅰ.①莫… Ⅱ.①宋… Ⅲ.①博物馆—莫斯科—少年读物 Ⅳ.① G269.512-49

中国国家版本馆 CIP 数据核字（2023）第 043901 号

书　　名	莫斯科普希金博物馆
	MOSIKE PUXIJIN BOWUGUAN
编　　著	宋雨恬
出 版 人	董素山
总 策 划	贺鹏飞
责任编辑	王　哲
特约编辑	刘文硕　王兰英
装帧设计	鹏飞艺术

出　　版	河北出版传媒集团
	河北教育出版社　http://www.hbep.com
	（石家庄市联盟路 705 号，050061）
印　　制	北京天恒嘉业印刷有限公司
开　　本	710 mm × 1000 mm　1/16
印　　张	7.25
字　　数	90 千字
版　　次	2023 年 8 月第 1 版
印　　次	2023 年 8 月第 1 次印刷
书　　号	ISBN 978-7-5545-7696-0
定　　价	28.00 元

版权所有，侵权必究

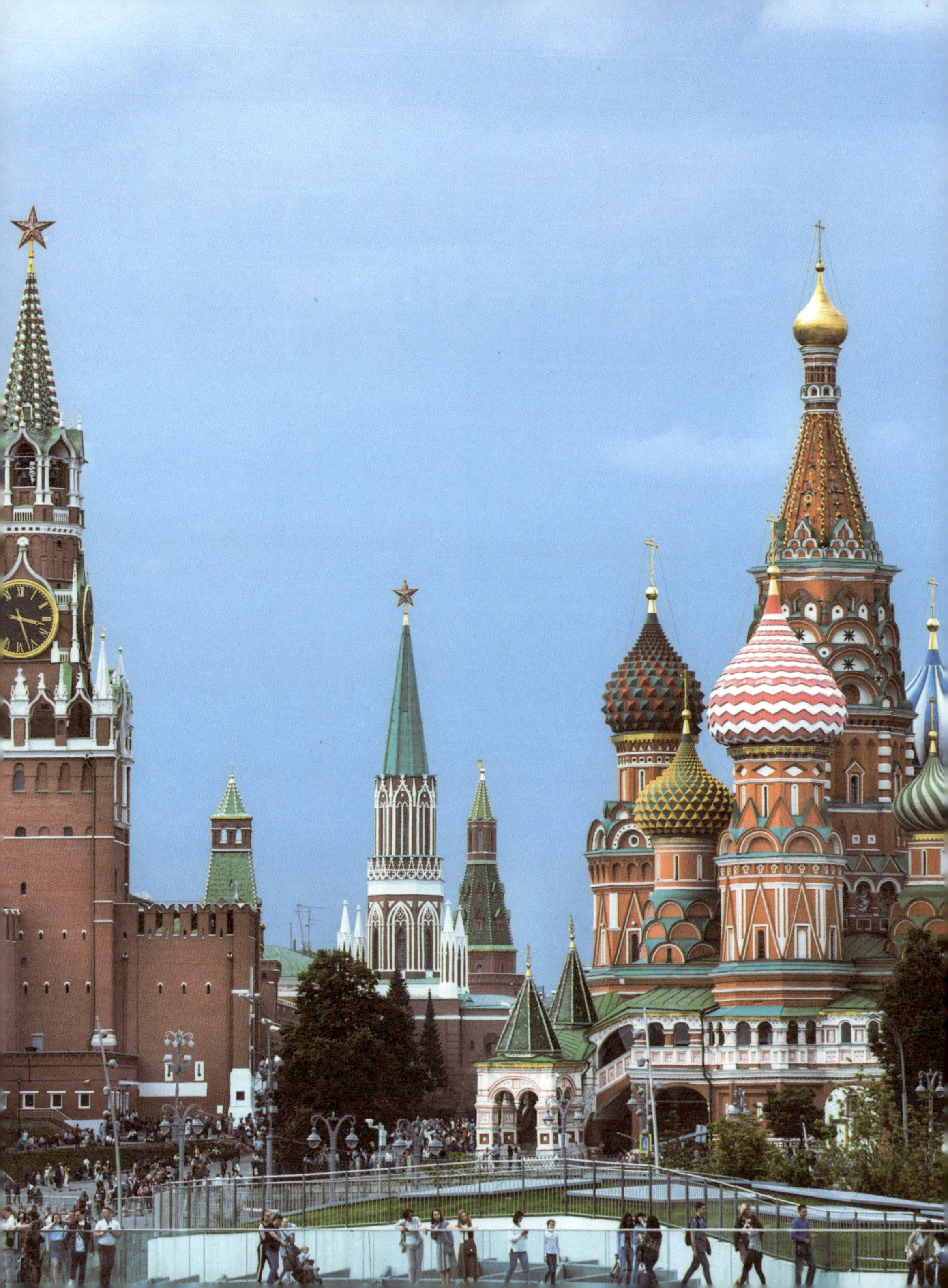

写给读者的话

杭 间

中国美术学院教授　博士生导师
中国美术学院艺术博物馆群总馆长
全国高校艺术博物馆联盟副理事长

博物馆现在有了全新的定义。从过去仅对奇珍异宝的展示，到今天提倡的文化多元共生的平等交流，博物馆已经成为各国公众最重要的文化参与和交流的场所。这使得博物馆的功能被大大拓展了。

过去我出国考察，博物馆是必去之处，即使时间有限也尽量赶去。后来，由于参与筹建清华大学艺术博物馆和中国美术学院中国国际设计博物馆，我有机会参访了世界上许多著名的艺术博物馆和设计博物馆。那一座座历经岁月磨洗的博物馆建筑，一件件雕塑、绘画杰作以及设计史上的名作，都给我留下了难以磨灭的记忆。

从亚历山大时期建造的第一座珍藏古器物的博物馆，到文艺复兴以及后来所建造的每一座伟大的博物馆，它们都有着独特的起源和历史。从巴黎的卢浮宫到伦敦的大英博物馆，从圣彼得堡的艾尔米塔什博物馆到纽约的大都会艺术博物馆……都是绵长的历史文化的缩影和人类文明再现的文化地标。它们静默不语，却承载着人类艺术的奇迹，成为当代人与历史交流的桥梁和纽带。

现实博物馆的参观总有其局限性。每次我都仔细选择那些印制精良的出版物，不管它们多沉，哪怕航班托运超重，我也要设法带回来。

现在，我们在引进出版了《伟大的博物馆》系列的基础上，又聚焦少年群体，组织编写了《伟大的博物馆·少年版》系列。该系列图书不囿于博物馆本身，在内容编写上融合了博物馆与相关国家、城市的历史文化背景，以及艺术作品与其社会文化背景，使艺术与历史、与文化融为一体。读者既可以欣赏艺术，又可以通过历史叙述思索更多的问题。该系列图书不是简单的艺术普及，而是希望能够帮助少年读者拓宽艺术视野，提高艺术修养，融入世界艺术的大环境之中。因此，出版该系列图书是一件非常有价值的事情。

世界文化尊重多元，这是一个大趋势。在全球化遭遇暂时挫折的时候，中国的少年一代应在中华民族伟大复兴的征程上吸纳世界文化的精华，通过著名博物馆的作品进一步了解西方的文化和艺术，思考中国文化的未来。这样的美育教育对少年来说是非常必要的。

因此，我祝贺该系列图书的出版，并希望其能够成为少年的良师益友，帮助他们放眼未来。

ГОСУДАРСТВЕННЫЙ МУЗЕЙ ИЗОБРАЗИТЕЛЬНЫХ ИСКУССТВ им. А.С.ПУШКИНА

目　　录

002　走近莫斯科普希金博物馆

004　莫斯科普希金博物馆是什么？
005　公众的艺术课堂
009　世界艺术的"宝藏盒"
014　历史的见证者
020　首屈一指的印象派画廊
026　文化交流的桥梁

030　莫斯科普希金博物馆有什么？
032　里纳尔多和阿尔米达
038　亚哈随鲁、哈曼和以斯帖
046　圣饼前的圣母

054　卡普辛斯林荫大道

062　在煎饼磨坊的树下

068　放风的囚犯

076　桃与梨

084　蓝色芭蕾舞者

090　安布鲁瓦兹·沃拉德像

096　玫瑰画室

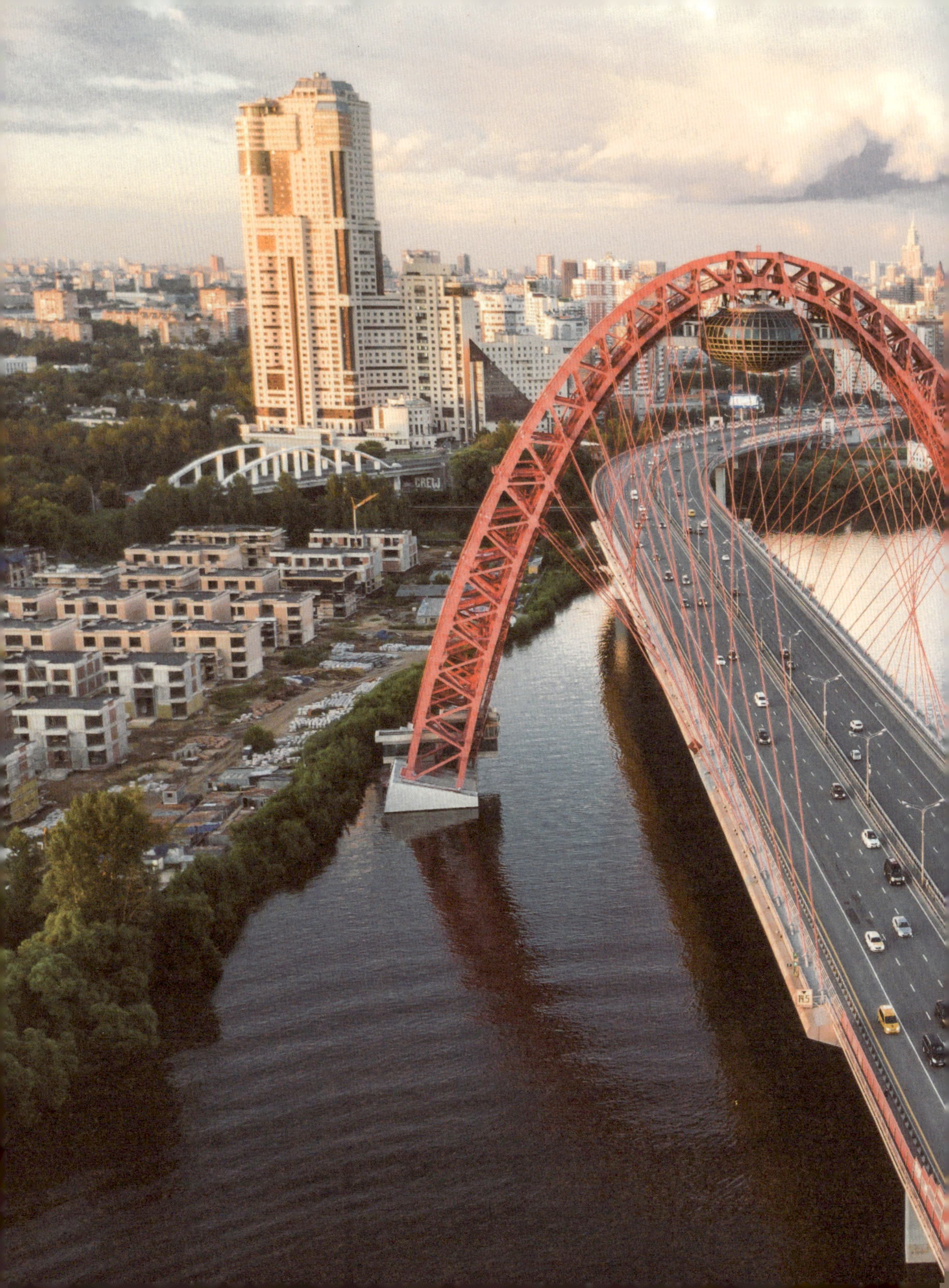
CREW

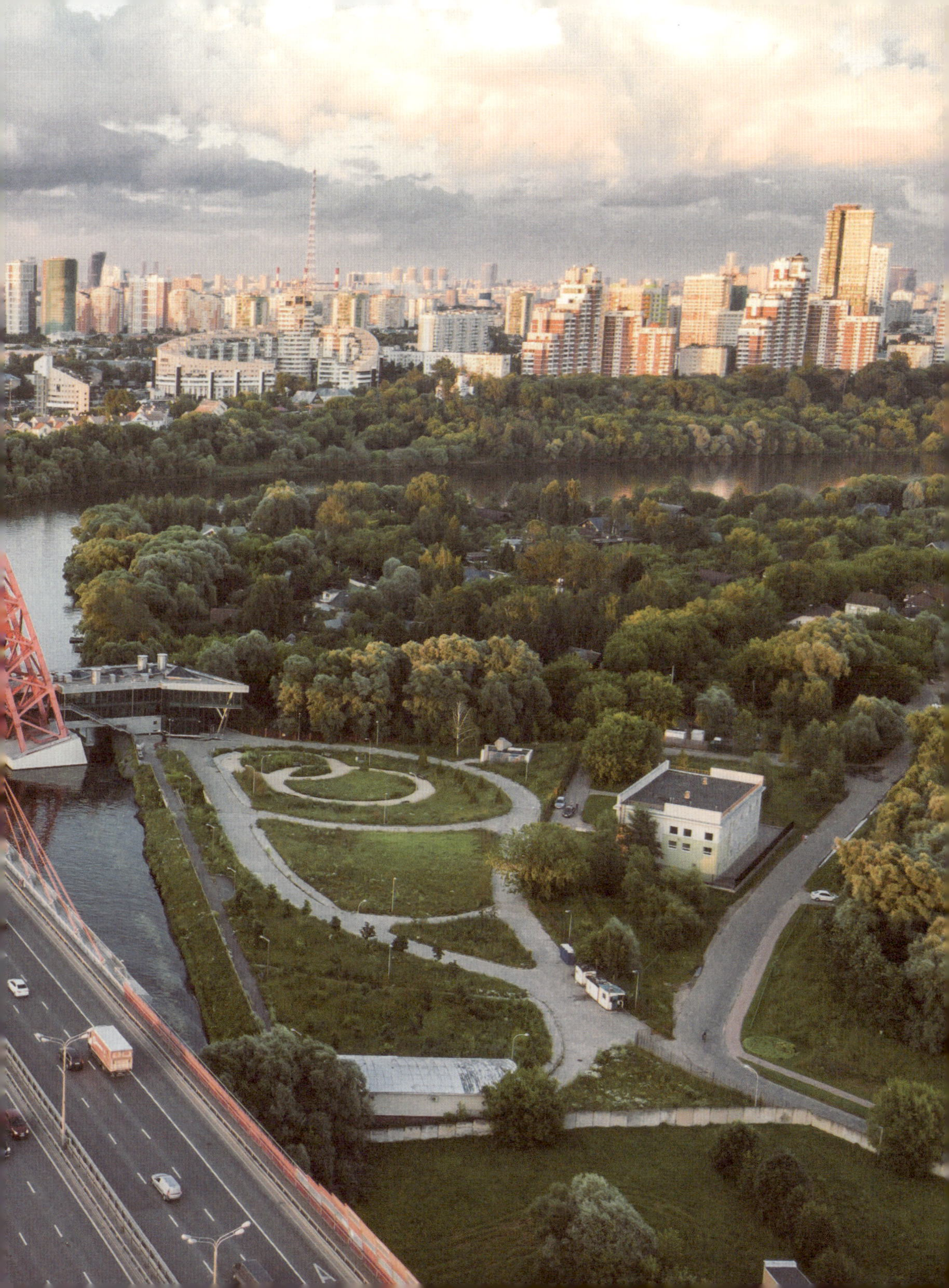

走近莫斯科普希金博物馆

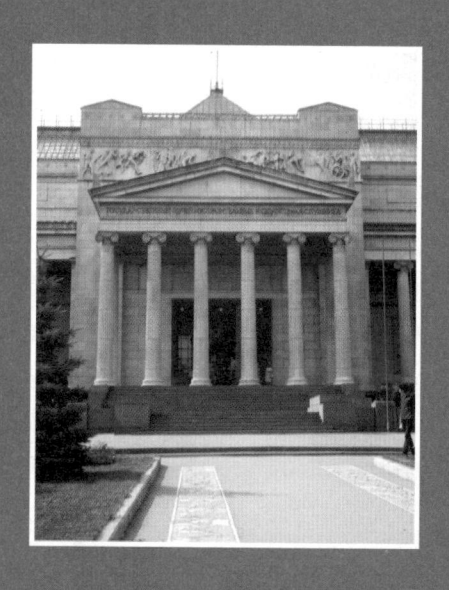

美国盲人作家海伦·凯勒在《假如给我三天光明》中写道，如果拥有三天光明，她会选择一天去博物馆，"这一天，我将向世界，向过去和现在的世界匆忙瞥一眼。我想看看人类进步的奇观，那变化无穷的万古千年。这么多的内容如何压缩到一天时间里呢？当然是通过博物馆"。

莫斯科普希金博物馆就是这样一座融汇古今的博物馆，里面的藏品覆盖面很广，数量巨大，且每一件藏品都是一段历史，诠释了一个时期的文化与审美，看到这些藏品就像在与历史对话。比如，当我们看到那些保存千年的木乃伊以及装殓木乃伊用的彩绘棺椁时，是否可以想象到几千年前古埃及的历史与文明？看到米开朗琪罗那些优美而富有节奏感的雕塑，是否可以想到那个时代的艺术家和工匠对于美的定义？

如果我们仅仅是在这庞大的博物馆中走马观花，也许只能看到那些作品美丽抑或奇特的外表，而不能了解它们背后的知识和深意。那么，要如何去逛这样一座百科全书式的博物馆呢？我们所需要的，可能并不是一本简单的导览手册，而是以一种新的方式来"打开"这个"压缩"了时间和形式的场所。因此，我们甄选出十件镇馆之宝，与大家一同去探究这些作品的创作者、风格及画面中每个细节的含义，更加深刻地体会艺术的魅力，找到参观博物馆的方式。最后，希望小读者们能在安静的书房中翻阅这本书，用心欣赏这些艺术品，去领略这些艺术品背后的故事和历史。

莫斯科
普希金
博物馆
是什么?

公众的艺术课堂

欧洲面积最大的国家和世界陆地面积最大的国家是同一个，它的名字叫俄罗斯。而莫斯科既是俄罗斯的首都，也是全国面积最大的城市。

莫斯科还是欧洲著名的旅游城市，绿化面积大，有"森林中的首都"之美誉，市内的人文景观也非常多。红场是位于莫斯科市中心的公共广场，是俄罗斯重要节日举行大型庆典和阅兵活动之处，还是世界文化遗产之一。红场周围有几处世界著名的建筑，包括列宁墓、圣瓦西里大教堂和克里姆林宫。克里姆林宫是俄罗斯联邦政府的所在地，同时也是俄罗斯总统府的所在地。此外，它还是俄罗斯国家的象征，是世界上最大的建筑群之一。当然，这座了不起的城市里还有一座伟大的博物馆——莫斯科普希金博物馆。

莫斯科一角

19世纪初，莫斯科大学的两位教授S. P. 舍维廖夫和K. K. 格尔茨先后提出建造一座大学附属艺术博物馆的计划，他们认为"艺术包含在公共教育的范畴内"，建立一座博物馆来提高人民的美学修养非常重要，这个计划在很多年后由莫斯科大学的伊万·茨维塔耶夫教授实现。1898年8月，在皇室成员、莫斯科大学校长和教授，以及其他社会精英的见证下，博物馆的奠基仪式庄严举行。1912年，当时被命名为亚历山大三世的艺术博物馆正式开幕，伊万·茨维塔耶夫成为第一任馆长。新博物馆一开幕就受到了公众的欢迎，节假日参观人数一度达到了2500人。1937年，为了纪念100年前在一场决斗中丧生的诗人普希金，亚历山大三世艺术博物馆更名为普希金博物馆。随着时代的发展，走进博物馆的公众越来越多，普希金博物馆逐渐成为公众的艺术课堂。

莫斯科普希金博物馆外景

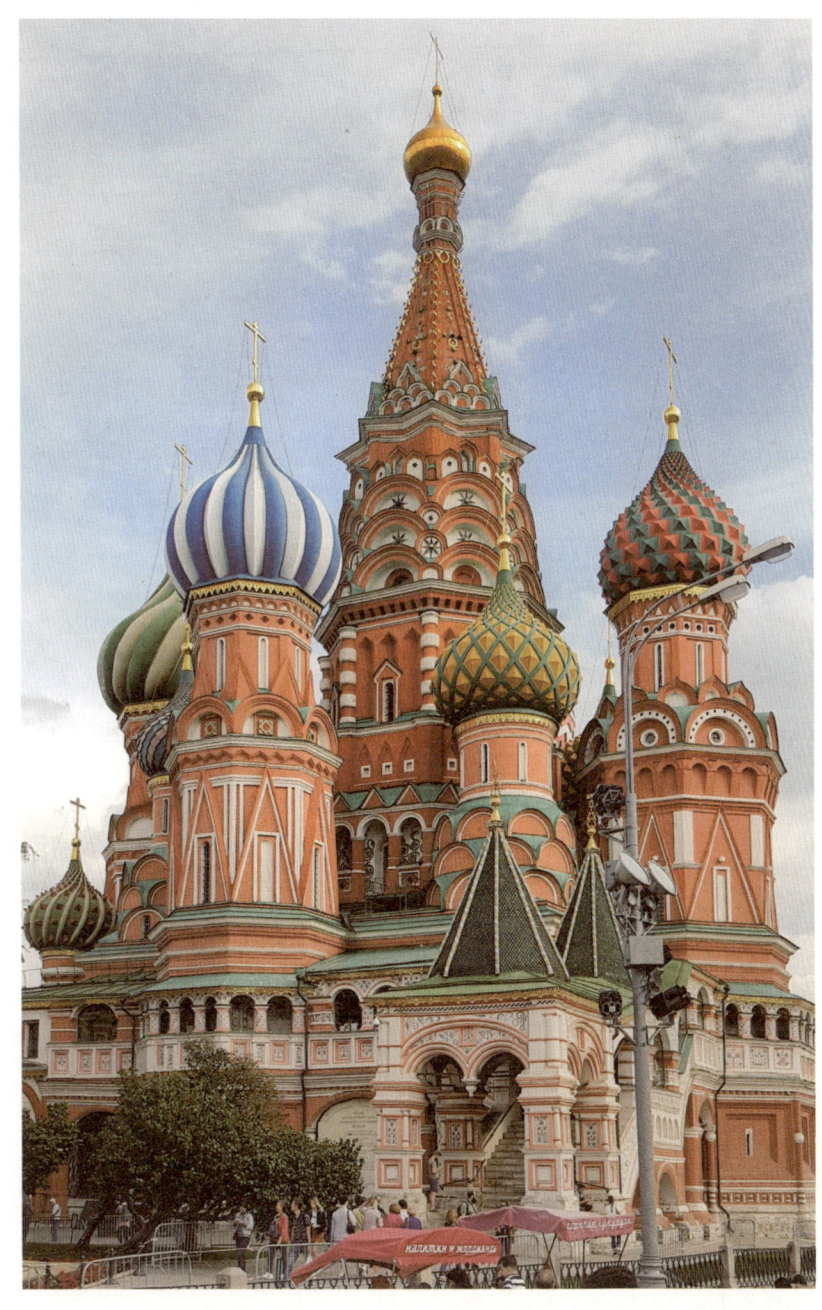

圣瓦西里大教堂

克里姆林宫

红场与克里姆林宫墙

世界艺术的"宝藏盒"

普希金博物馆位于莫斯科的沃尔洪卡街，对面是基督救世主大教堂。博物馆的主楼由罗曼·克莱因设计，主立面的设计参照了古希腊神庙风格，是一排爱奥尼克柱形成的柱廊，建筑的外形就像一个宝藏盒。"宝物"藏在不同的大厅中，而各个大厅根据其所藏艺术品的不同也被装饰成不同的风格。馆内收藏着从古代到现代的众多艺术珍品，包括绘画、雕塑、摄影作品、手工艺品、钱币等。

普希金博物馆的重要藏品主要藏于三座建筑中：主楼、欧美艺术画廊和私人收藏馆。主楼一共有两层，主要展示各国不同时期的雕塑复制品，还有古埃及的藏品、特洛伊遗址中发现的宝藏和波提切利、伦勃朗、鲁本斯、埃尔·格列柯、普桑、华托等欧洲著名画家的作品。在展馆中展出的许多雕塑作品都是古典名作的石膏浇铸模型，供美术学院的师生学习和临摹。这里还有 15 世纪和 16 世纪的木制雕塑、16 世纪和 17 世纪的青铜雕塑以及 18 世纪的法国雕塑等。

位于主楼右侧的是欧美艺术画廊。这里收藏着整个博物馆最激动人心的艺术品——由俄罗斯两位著名的艺术品收藏家伊万·莫罗佐夫和谢尔盖·舒金收藏的法国印象画派、后印象画派和现代画派的杰作。这些画作展示了法国艺术从印象画派到野兽派再到立体主义的进程。莫奈、凡·高、塞尚、马蒂斯和毕加索等大家耳熟能详的绘画大师的作品，在这里我们都能看到。

莫斯科普希金博物馆主楼展室内景

私人收藏馆位于主楼的左前方，该馆保存着大量收藏家捐赠的藏品，包括 8000 余件 15 至 20 世纪俄罗斯和西欧的艺术品，有绘画、雕塑、装饰和应用艺术作品以及摄影作品等。

欧美艺术画廊中马蒂斯的作品

012

莫斯科普希金博物馆主楼内景

历史的见证者

莫斯科普希金博物馆经历了一段喧嚣的岁月,它的发展与国家跌宕起伏的命运紧紧地交织在一起。而那些原本藏在贵族府邸中的珍宝,是如何变成博物馆中人人都能观赏的艺术品的呢?

普希金博物馆起初是在莫斯科大学美术与古物馆的基础上创建的,作为教育和公共教育机构而存在。同其他欧洲大学的博物馆一样,普希金博物馆一开始也订购了大量世界名作的复制品,用来展示从古代到现代的艺术史的主要阶段,以这种简明扼要的方法让人们了解艺术发展史,实现其教育功能。

后来,人们清楚地意识到,尽管这些与原作一般大小的复制品也做到了精益求精,但是只有在凝视原作时,人们才能更真切地感受到艺术的魅力。于是,博物馆的管理者们开始有意识地增加对原作的收藏。1909年,俄罗斯埃及古物学家弗拉基米尔·戈列尼谢夫将自己的埃及系列藏品卖给了国家,共6000余件,1911年转到了博物馆。1910年,俄罗斯外交官米哈伊尔·谢金向博物馆捐赠了他收集的13至15世纪的装饰艺术品和意大利绘画,共90余件。

1917年,十月革命爆发。当时沙皇俄国的整个博物馆体系发生了翻天覆地的变化,普希金博物馆也不例外。在这场革命中,列宁带领着工人和农民推翻了资产阶级临时政府的统治。这场浩大的革命除了给人们带来了土地和工厂外,当然还有艺术品。沙皇俄国的大家族私藏的艺术珍品被没收,又被重新整合起来,纳入一批新成立的博物馆中。

这些新生的博物馆在那个动荡的年代又最终被瓦解，其中的藏品被重新分配到不同的文化机构，其中包括普希金博物馆。

从那时起，普希金博物馆开始通过交换、遗赠、捐赠、购买等方式，不断扩充藏品，直到第二次世界大战爆发。在这场残酷的战争中，普希金博物馆被炸弹严重损毁，但所幸博物馆内的珍宝被撤到远离前线的地区，没有受到破坏。

1944 年，在博物馆馆长谢尔盖·梅尔库罗夫、副馆长鲍里斯·维珀和首席策展人安德烈·古贝尔的指导下，博物馆建筑的修复工作开始，并

莫斯科普希金博物馆收藏的古埃及壁画

着手筹备展览开幕。1948 年，随着俄罗斯国家新西方艺术博物馆的关闭以及莫斯科和彼得格勒之间的藏品划分，博物馆收到了 19 世纪下半叶至 20 世纪初的西欧和美国大师的大约 300 幅画作和 80 多件雕塑，主要是俄罗斯收藏家伊万·莫罗佐夫和谢尔盖·舒金收藏的法国印象派和后印象派作品。这次增加的藏品使博物馆藏品的时间框架更接近现在，并使博物馆以拥有世界著名杰作而闻名。然而，直到 1953 年，其中一部分作品被纳入常设展览，观众才得以逐渐熟悉这部分藏品。从 1949 年年底到 1953 年间，博物馆的大部分展厅里展示的都是斯大林的礼物，直到 1953 年 12 月 25 日，更新的常设展览开幕，这种情况才开始转变。自 20 世纪 50 年代中期开始，博物馆的展览活动越来越多。

古罗马雕塑的浇铸模型

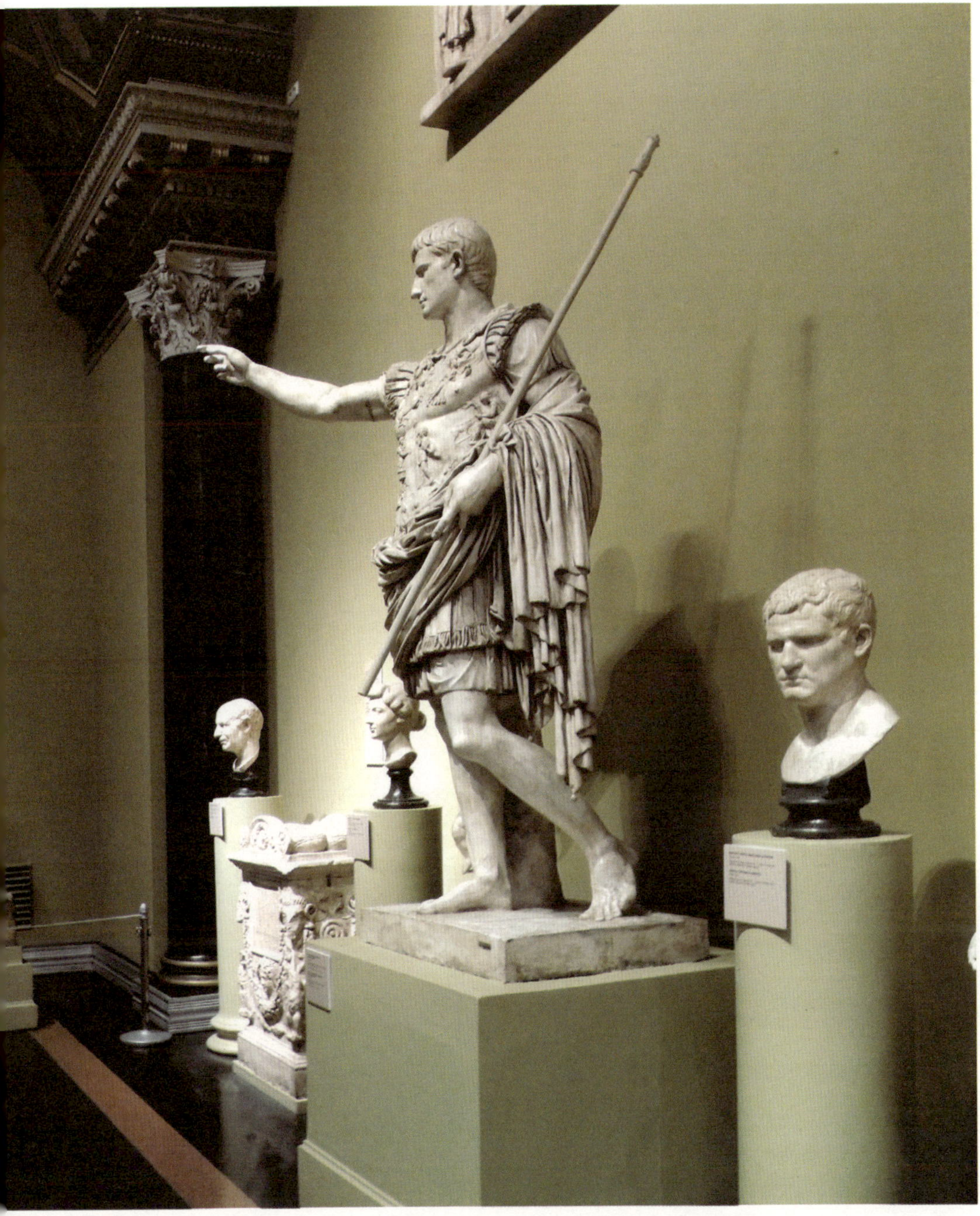

欧美艺术画廊中高更的作品

018

1974 年，19 世纪至 20 世纪的艺术展览在主楼的二楼开幕，2006 年，该主题展览被转移到了一座独立的建筑中，即欧美艺术画廊。

1985 年，在著名收藏家、艺术史博士伊利亚·齐尔伯施泰因和博物馆馆长伊琳娜·安东诺娃的倡议下，博物馆创建了新的部门，即私人收藏馆。私人收藏馆的藏品都是由收藏家捐赠的。这座"博物馆中的博物馆"的开端是伊利亚·齐尔伯施泰因的收藏品，即 2000 多件 16 世纪至 20 世纪初俄罗斯和西欧大师的作品。后来，该馆又陆续收入了其他收藏家的藏品，这些数量可观的艺术珍品，极大地丰富了普希金博物馆的馆藏。

如今，莫斯科普希金博物馆已拥有 67 万余件藏品，包括绘画和雕塑作品、应用艺术品、古代器物、古钱币、摄影作品等，涵盖了不同时期、不同地域的经典艺术作品，几乎可以呈现整个世界艺术发展史的脉络，不断吸引着世界各地的游客前来参观学习。

首屈一指的印象派画廊

普希金博物馆的欧美艺术画廊，主要收藏着 19 世纪至 20 世纪的欧美艺术品，于 2006 年 8 月正式对公众开放。那些曾经出现在美术课本上的印象画派大师如莫奈、德加、雷诺阿、马奈、毕沙罗的作品，在这里终于可以与参观者们见面。

印象画派是怎样诞生的呢？第二次工业革命撼动了欧洲许多国家。电车、电灯、无线电和电影放映机在这场革命中问世，这些神奇的发明也影响了人们的思想和生活，人们逐渐将科学知识与经过检验的事实当作所有认知的基础。时代的更替、科学的进步让一批具有反抗精神的画家不再满足于按照学院派的传统来作画，他们开始寻找艺术改革之路。这些艺术家大多喜欢在户外阳光下直接描绘景物，用快速的笔触记录光色变化中的物象，重视画作整体感和气氛的表现，放弃了对细节和线条的勾勒。主张根据太阳光谱所呈现的色相去反映自然界的瞬间印象，一反过去宗教神话等主题内容和缺乏活力的灰褐色调，形成了运用光线和色彩加强表现力的新方法。

欧美艺术画廊展出莫奈、德加、雷诺阿等著名印象画派画家的作品。在莫奈的专题展览中尽是他描绘光影与色彩变幻的画作。莫奈的《草地上的午餐》，描绘的是画家去枫丹白露野外郊游的场景，原本是莫奈为了参加 1866 年的油画沙龙而作，但当这幅长 6 米、宽 4 米的巨型油画终于要完成时，莫奈却并不满意自己的作品，拒绝将它展示在公众面前。他将作品分割成了三部分，现存的两部分被收藏在巴黎奥赛美术馆。在创作巨型油画版本的同时，莫奈还画了一幅较小的版本，最终被莫斯科普

草地上的午餐
克劳德·莫奈
1866年　130cm×181cm　布面油画
藏于莫斯科普希金博物馆

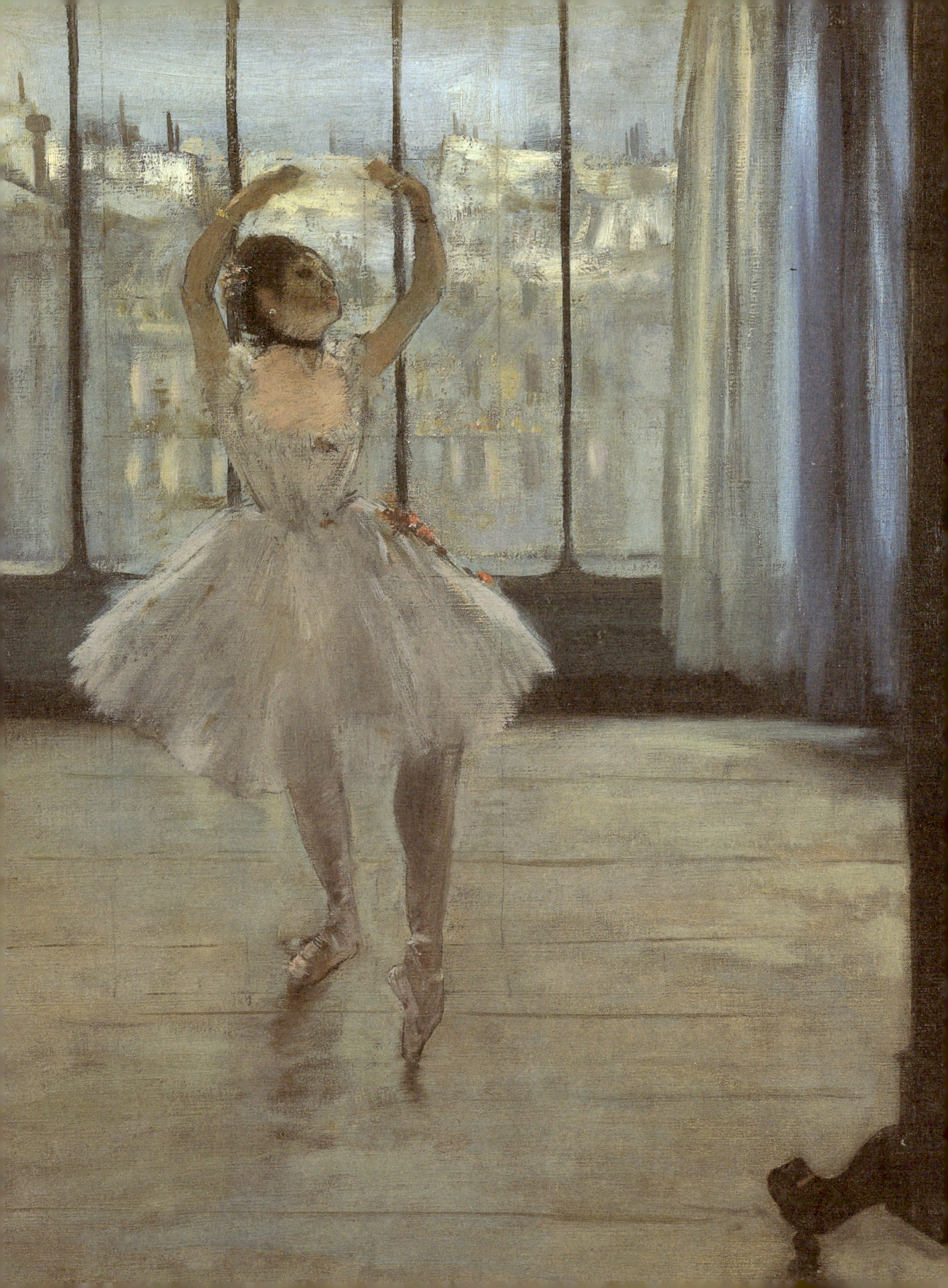

希金博物馆收藏。该画莫奈运用了印象派的光影手法,描绘了一群绅士、淑女在草地上用餐聚会的场景。外光的运用,给画面带来了清新爽朗、透明灿烂的感觉。画家并未将关注点放在对细节的刻画上,他关注的是阳光穿过树叶照射到女士们的长裙及铺开的桌布上的样子,这是画中最明亮和最吸引观者视线的部分,展现了光影的跃动,大片白色的运用也体现出莫奈的革新思想。

德加画了许多以芭蕾舞者为主题的作品,《摄影师眼中的芭蕾舞者》便是其中之一。尽管此画描绘的是室内的场景,但画家将光与影丰富而又微妙的层次变化展现得淋漓尽致。冷冰冰的色调暗示了这是一个冬日,画中的年轻舞者正在一面镜子前摆姿势,似乎沉浸在某种特殊的剧情之中。这幅画仿佛是从钥匙孔里看到的室内场景,画中专注的主人公仿佛并未意识到有观众在场。这个不经意被定格的"瞬间"就像是一张快照,如同有一个看不见的摄影师一般。玻璃窗外是冷色调的风景,加强了舞者的孤独感,光线透过大玻璃窗照到窗帘和舞者的蓬蓬裙上,这种逆光的条件使衣裙呈现出半透明的质地。虽然这幅画看起来只是漫不经心的"一瞬间",但是画中的一切都安排得刚刚好,这得益于画家对人物、室内及室外关系的精心设计和反复推敲。

← 摄影师眼中的芭蕾舞者
埃德加·德加
1875 年　65cm×50cm　布面油画
藏于莫斯科普希金博物馆

雷诺阿在创作上将传统画法与印象主义方法相结合，喜欢用鲜明而又清透的色彩来表现阳光与空气的颤动和明朗的气氛，他的画常常会给人带来一种幸福、美好的感觉。女性和儿童形象在雷诺阿的作品中占据着重要地位。19世纪70年代，喜剧演员珍妮是画家最喜爱的模特之一。1875年，初次登台的珍妮在莫里哀的剧本《伪君子》中饰演多里亚一角。她结婚前就住在雷诺阿的画室附近，经常充当这位大师的模特。1877年，雷诺阿创作了《女演员珍妮·萨马里的肖像》，画中这位美丽的女演员穿着蓝绿色裙子，带着若有所思的表情和浅浅的微笑出现在玫瑰色的背景前，如梦似幻。画家强调了珍妮最美好的特征：柔和优雅的风度、活泼的性格、略带调皮的蓝眼睛和那"照亮周围一切"的明亮微笑。

印象画派的作品占据了普希金博物馆欧美艺术画廊的很大空间。印象画派的形成是绘画史上一次史无前例的革命，它的影响是世界性的，印象画派大师的作品也拥有很高的艺术价值。

→ 女演员珍妮·萨马里的肖像
皮埃尔-奥古斯特·雷诺阿
1877年　56cm×47cm　布面油画
藏于莫斯科普希金博物馆

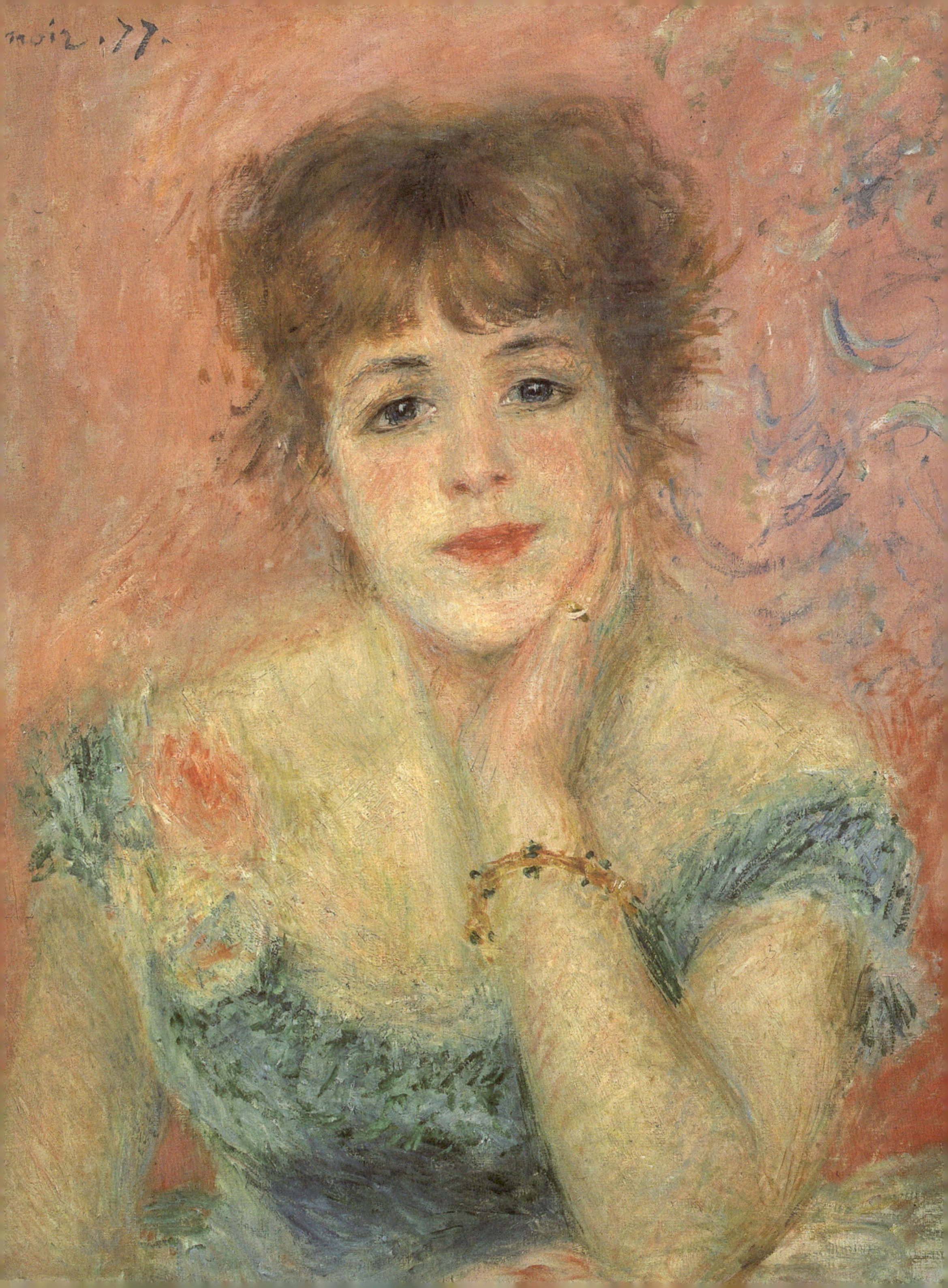

文化交流的桥梁

普希金博物馆是莫斯科最大的外国艺术品收藏馆,收藏着来自世界各地的艺术品。这些藏品承载着不同国家不同时期的艺术与文化,是非常珍贵的人类精神财富,可以跨越国界、突破政治局限,为人们搭建文化交流的桥梁。值得注意的是,普希金博物馆与19世纪至20世纪的法国艺术有着不解之缘,而法国的巴黎是当时国际文化艺术的中心。

法国画家毕加索和马蒂斯的主要赞助者正是莫斯科的商人——谢尔盖·舒金和伊万·莫罗佐夫,他们二人陆续收藏了当时法国印象派画家的一系列作品。而且舒金还会在周末开放他的家,将藏品展示给公众观看,这为俄国的艺术家了解20世纪初期法国的艺术发展现状提供了便捷。为了回应这些作品,并与西欧先锋派艺术建立联系,俄国艺术家们开始探索立体主义以及其他抽象的绘画方法,并发展出至上主义(20世纪初俄国的抽象艺术流派)等前卫艺术流派。这些藏品,对20世纪的俄国艺术发展具有重要意义。

后来,舒金和莫罗佐夫的大部分藏品都被收入了普希金博物馆,这些收藏把俄国文化艺术同西方文化艺术联结起来,以对话与碰撞的形式开启了俄国新文化的里程。借用普希金的诗句来表达,这座博物馆为西方艺术与俄国艺术的融合树立起了一座"非人工的纪念碑",塞尚、高更、毕加索、茨维塔耶夫、莫罗佐夫、舒金等名字皆被铭记。

舒金收藏的部分马蒂斯作品

红色的鱼
亨利·马蒂斯
1912 年　140cm×98cm　布面油画
藏于莫斯科普希金博物馆

舒金收藏的部分毕加索作品

小丑和他的同伴（两个街头艺人）
巴勃罗·毕加索
1901年　73cm×60cm　布面油画
藏于莫斯科普希金博物馆

莫斯科普希金博物馆有什么?

莫斯科普希金博物馆展厅

里纳尔多和阿尔米达

尼古拉斯·普桑（1594—1665），法国 17 世纪古典主义绘画的奠基人。作品多以宗教、历史、神话为主题，画风严谨庄重，画作尺幅较小，但精雕细琢。

1630 年
95cm×133cm
布面油画

033

画家普桑常常从文学作品中汲取创作灵感，因此他的作品具有很强的叙事性。那么这幅《里纳尔多和阿尔米达》讲述了一个怎样的故事？我们可以追溯到文艺复兴时期著名诗人托尔夸托·塔索的大型叙事诗《耶路撒冷的征服》中的精彩片段。这部叙事诗讲述的是布留尼率军进攻被伊斯兰教占领的耶路撒冷的故事，其中穿插了里纳尔多与阿尔米达之间的爱情故事。听命于伊斯兰教首领的阿尔米达是一个巫女，她可以把敌军的战士变成野兽，因此她被派去杀死布留尼军中最骁勇善战的骑士里纳尔多。但当她于欧朗提斯河边第一次看到熟睡的里纳尔多时，便立马爱上了他。

天才普桑是如何构建这幅画的？普桑根据神话的内容同时描绘了两个场景：阿尔米达爱上了正在熟睡的里纳尔多；阿尔米达乘坐战车从天而降带走里纳尔多。在对画面的处理上，体现出了普桑在罗马的学习成果。首先，这幅画采用了古典的三角构图法，人物塑造得十分立体，就像古希腊的雕塑一样"凝固在空中"；其次，这幅画中阿尔米达与里纳尔多的姿态，来源于古代石棺上的浮雕，浮雕所描绘的希腊神话中的人物形象给普桑以很大启发。

普桑是一位生于法国却活跃于意大利的画家，他的艺术生涯几乎是在罗马度过的。在那里，众多的古代历史遗迹和乡村美景激发了他的灵感，教堂和修道院中文艺复兴时期画家的作品让他深受启发。普桑十分注重理性，强调艺术中的条理性和秩序感，重视构图的稳定和平衡。他认为绘画题材必须有重大意义，偏爱宗教、神话和历史主题，追求简洁、单纯、沉静的美学品质。在普桑去世后的几年里，他的风格对法国艺术产生了强烈的影响，为法国古典主义绘画奠定了基础。

马车的样式是普桑根据罗马建筑遗迹创作的。阿尔米达正从马车上下来，前方握着马车缰绳的是她的女伴奥拉

里纳尔多的姿势——左手枕在头下，肘关节和弯曲的膝盖平行，这一设计大概源于普桑在罗马古代石棺的浮雕上看到的牧羊人恩迪弥翁的造型

这个强壮的老爷爷是欧朗提斯河的化身,他把大水罐中的水源源不断地倾倒入河中,使河水流动起来

小链接

　　尼古拉斯·普桑擅长将历史故事转换为绘画题材,他是如何让这些文学作品中的故事场景变得可信的呢?普桑在正式作画之前,会先用鹅毛笔、墨水笔和淡彩设计出许多构图,再反复推敲出合适的方案。这种作画思路及作画方法与其他坚持根据真人模特作画的巴洛克画家形成了鲜明的对比。普桑认为历史画对画家智力的要求更高,在他的历史画中,无论画中的人物还是背景中的古建筑都得益于画家无限的想象力和严谨的思考。

亚哈随鲁、哈曼和以斯帖

伦勃朗（1606—1669），欧洲 17 世纪最伟大的画家之一，也是荷兰历史上最伟大的画家之一。他还是画自画像最多的画家，其作品藏于世界各地的博物馆。

1660 年
73cm×94cm
布面油画

17世纪50年代以后，伦勃朗的绘画风格发生了变化，颜色变得更加丰富，笔触更加明显，更加关注对人物内心世界的刻画，而不变的是对以《圣经》内容为主题绘画的喜爱。我们接下来要讲的这幅画就取材于《旧约全书》中的一卷——《以斯帖记》。

这幅画讲述了一个怎样的故事呢？波斯国王亚哈随鲁抛弃了他的第一任妻子，迎娶了臣仆末底改貌美的堂妹以斯帖。由于当时犹太人民处境艰难,末底改嘱咐以斯帖,千万不要告诉别人她是犹太人。有个叫哈曼的人,地位比所有大臣都高,他很高傲,想要所有人向他下拜,但末底改却坚决不向他下拜。于是哈曼非常生气,想杀死末底改。后来哈曼知道末底改是犹太人,就想出了一个主意,向波斯国王进献谗言,说犹太人的坏话,国王轻易地相信了他,颁布命令,要在亚达月(指犹太教历的十二月)十三日杀掉国内所有的犹太人。为了拯救自己的族人,末底改只好请以斯帖向波斯国王求情,以斯帖便邀请国王和哈曼参加了这场盛宴。

画中正是以斯帖勇敢地揭发哈曼的阴谋,请求国王拯救她和她的犹太同胞的场景。最终,哈曼被判处绞刑。犹太人为纪念这次度过劫难的经历,将亚达月第十四日、十五日设为普珥节,肯定了以斯帖劝说成功、圆满地挫败了歹人阴谋的行为。

伦勃朗既是油画家、素描大师,也是一位出色的版画家,他在每一种艺术形式上都取得了重要成就,因此被称为荷兰历史上最伟大的画家。他在作品中运用了一种特殊的光影处理手法,其画作中的光虽然不同于真正的阳光或灯光,但能令画作拥有强烈的明暗对比,画面层次丰富,富有戏剧性。在很长一段时间里,伦勃朗都勤勤勉勉地工作,名利双收,过着快乐的日子。后来,妻子的离世给了伦勃朗沉重的打击。晚年的伦勃朗因拒绝迎合当时精致、华丽的绘画潮流,坚持自己的风格而被新兴权贵抛弃,走向了破产。贫穷、疾病并没有让他放弃对艺术的坚持,他追随自己的内心,创作最忠于自己内心的作品。

通过对达·芬奇《最后的晚餐》的研究,伦勃朗完成了大量设宴主题的作品,包括这幅《亚哈随鲁、哈曼和以斯帖》。你们能看出两幅画的相似之处吗?

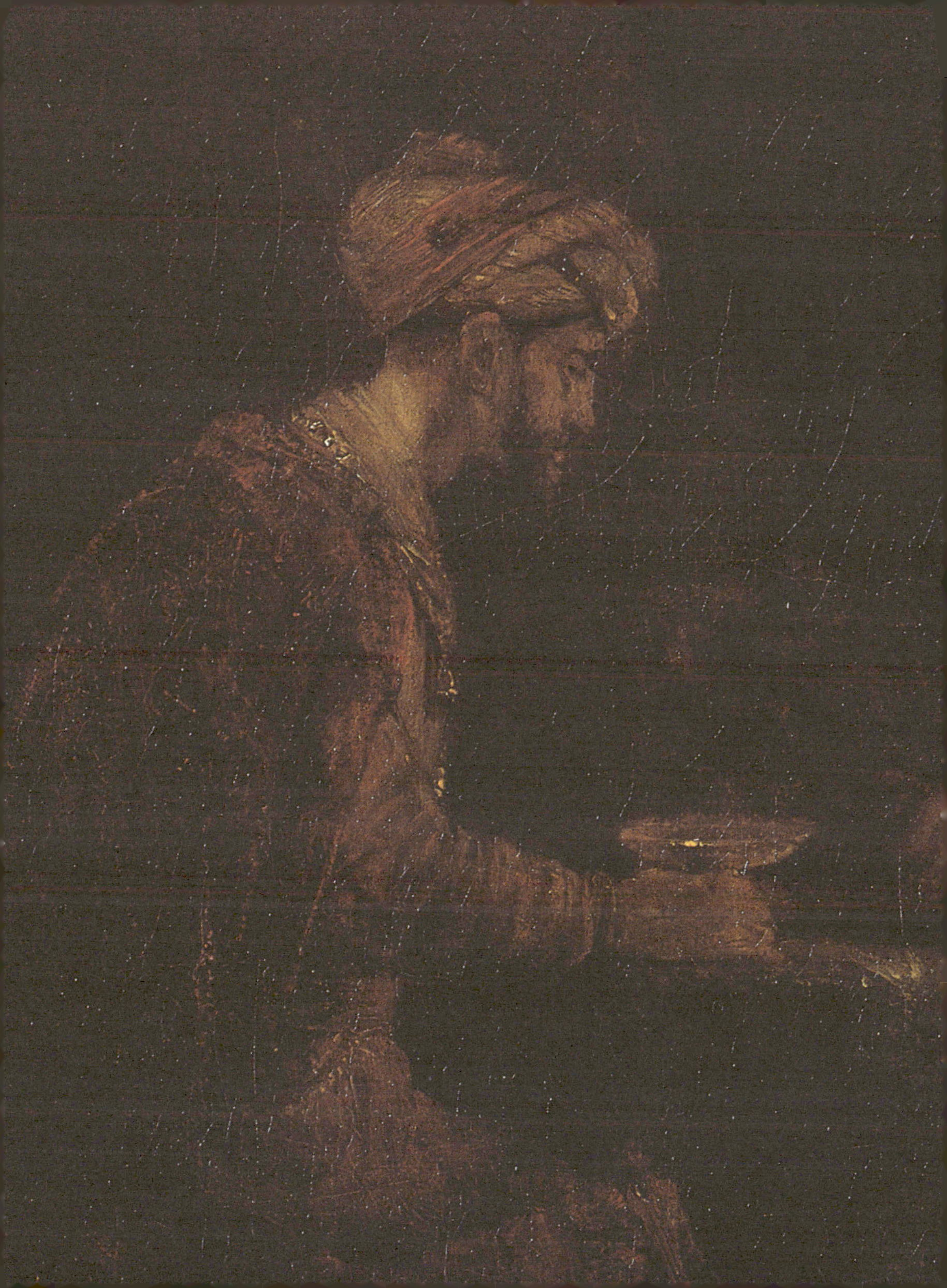

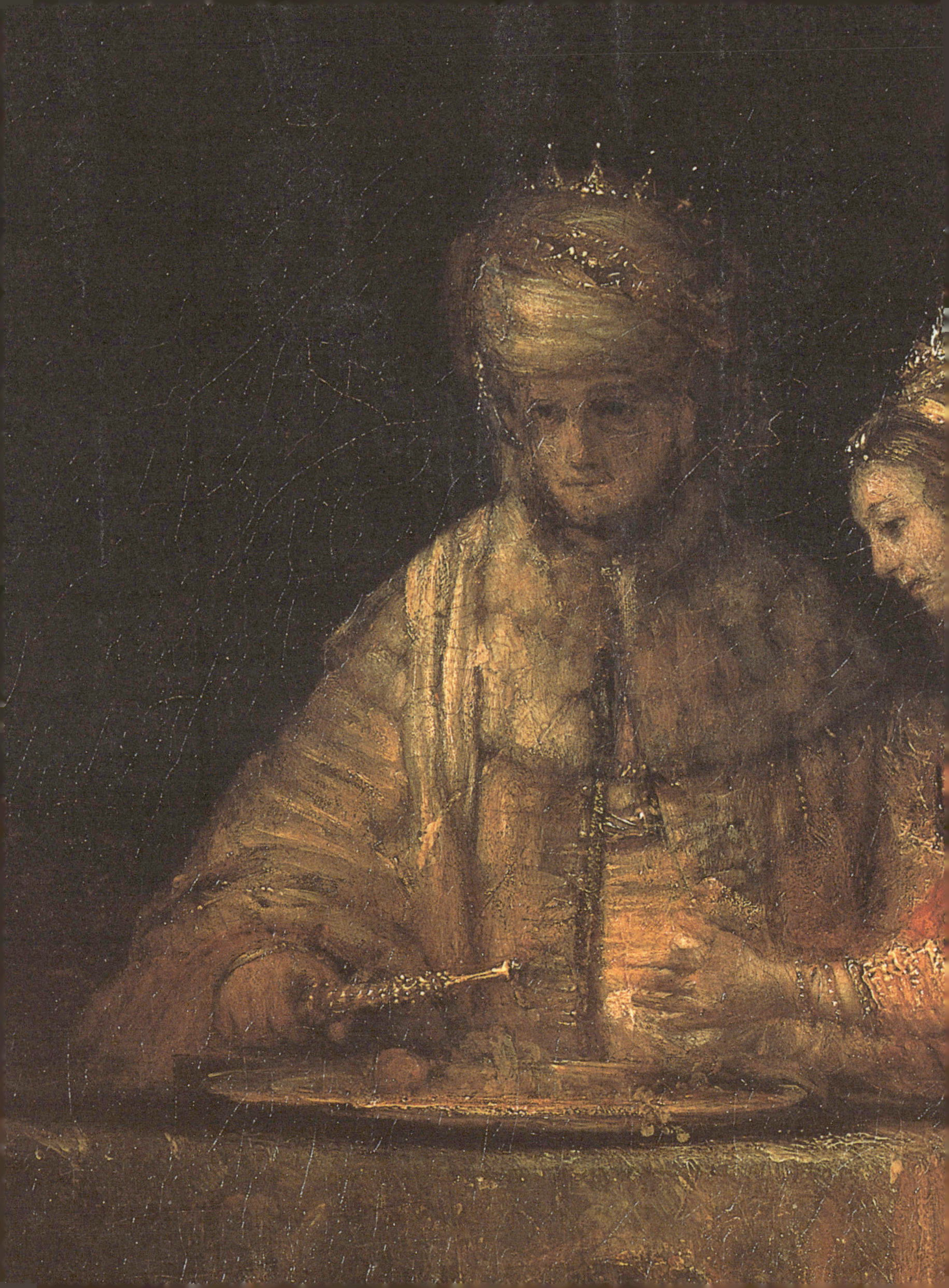

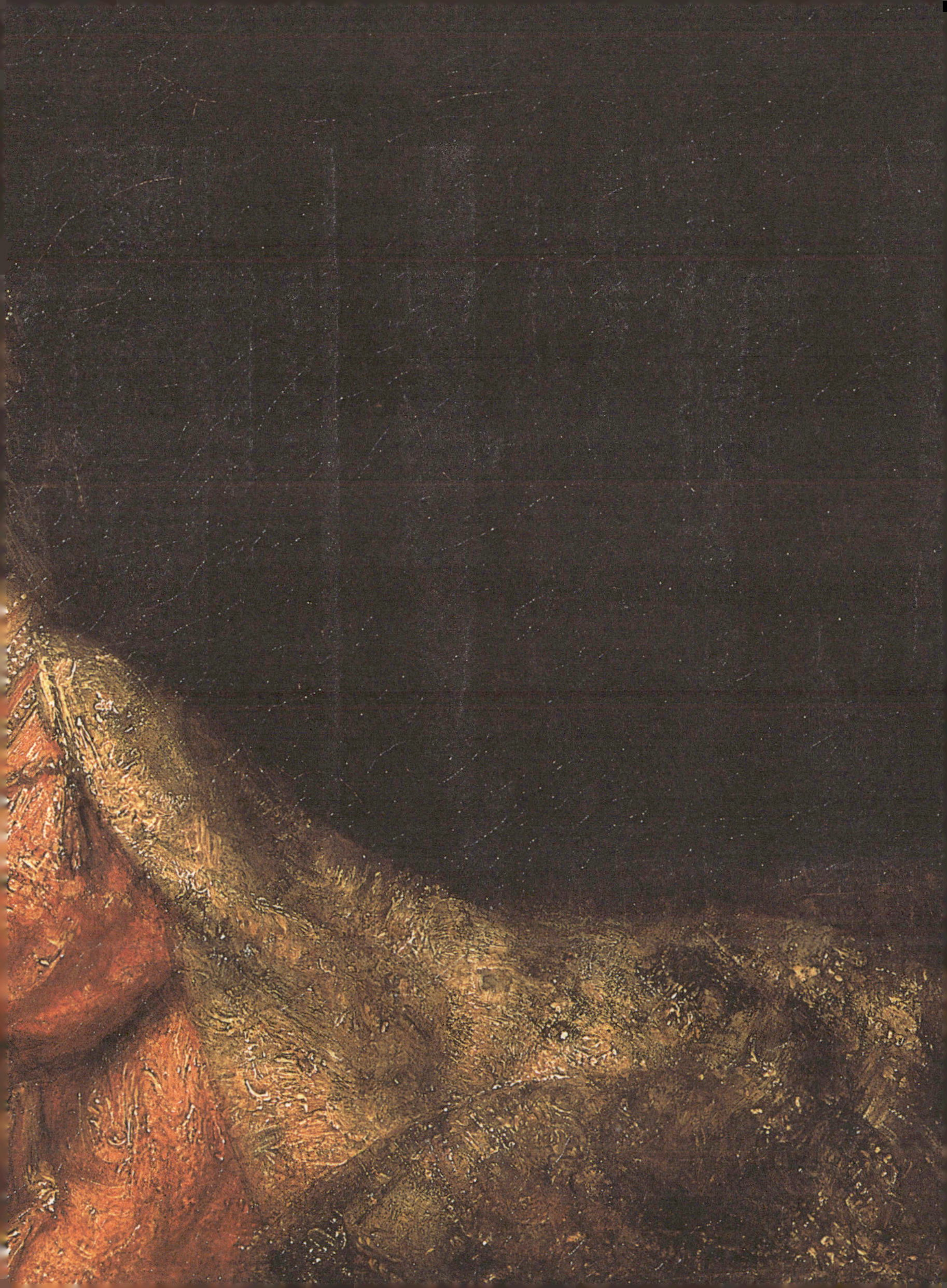

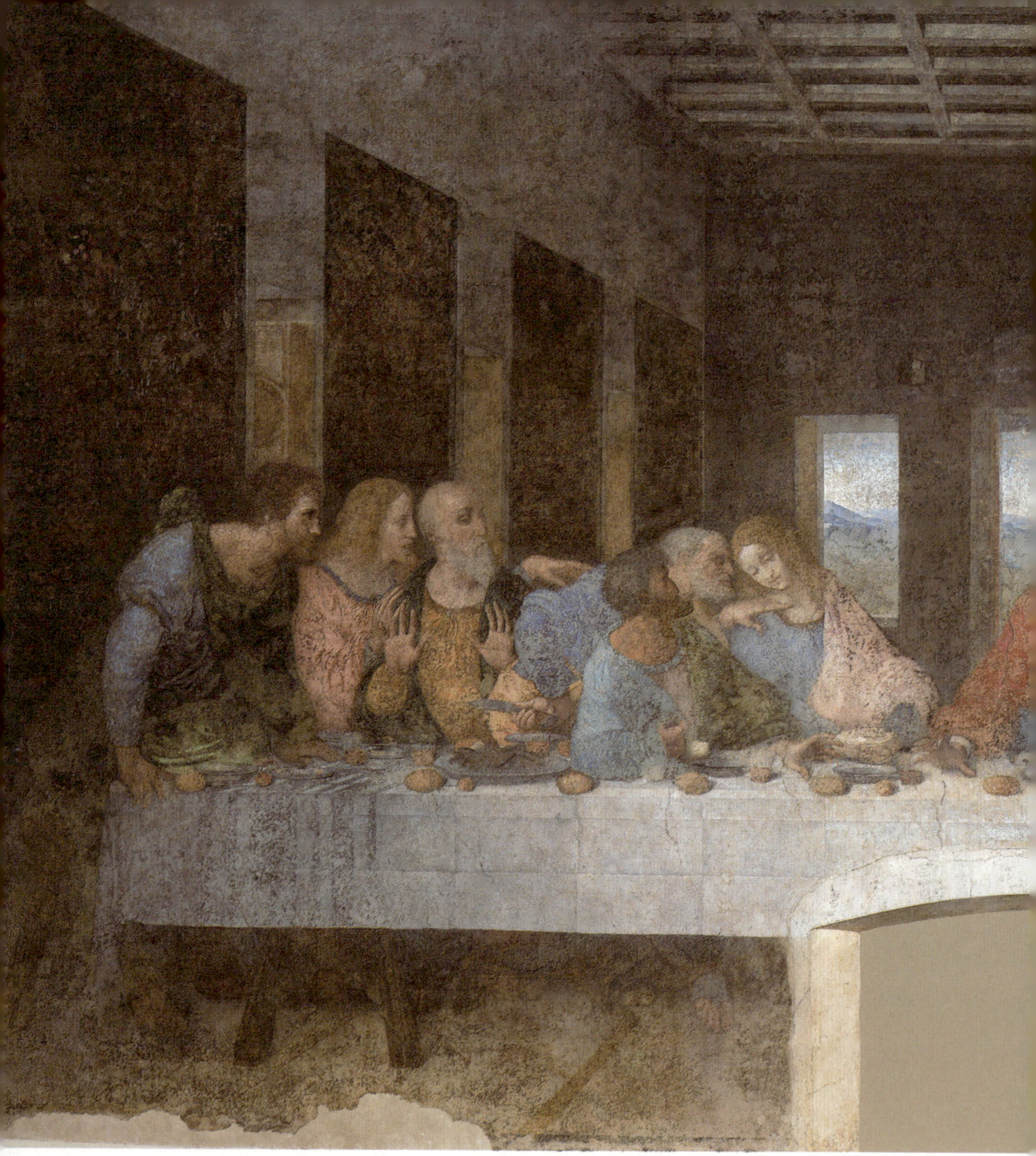

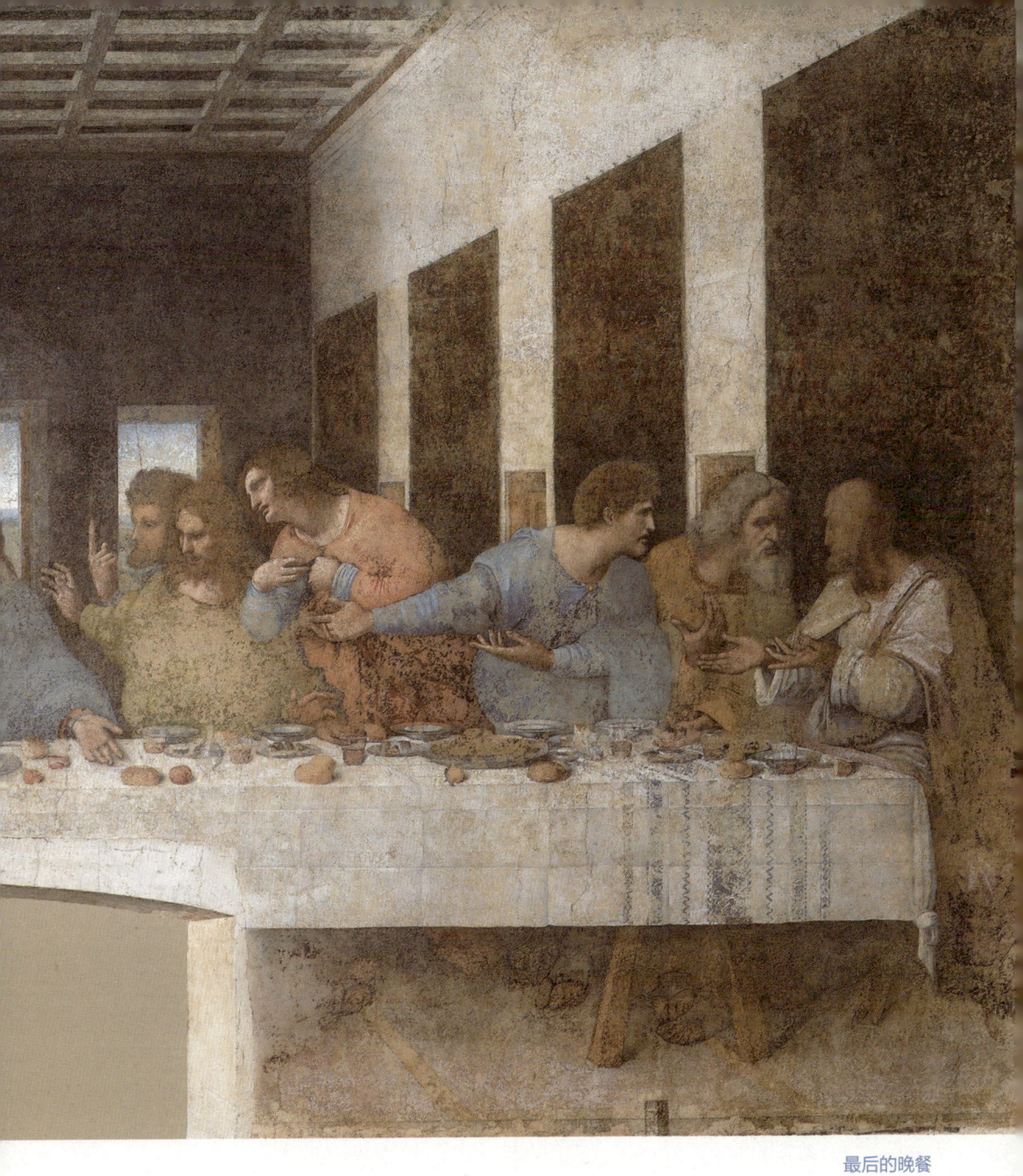

最后的晚餐
列奥纳多·达·芬奇
1495年—1498年　460cm×880cm　湿壁画
藏于米兰感恩圣母堂

圣饼前的圣母

让·奥古斯特·多米尼克·安格尔（1780—1867），法国画家，新古典主义画派最后的代表人物。他的画法工巧精致，重视线条造型，尤其擅长肖像画。

1841 年
116cm×84cm
布面油画

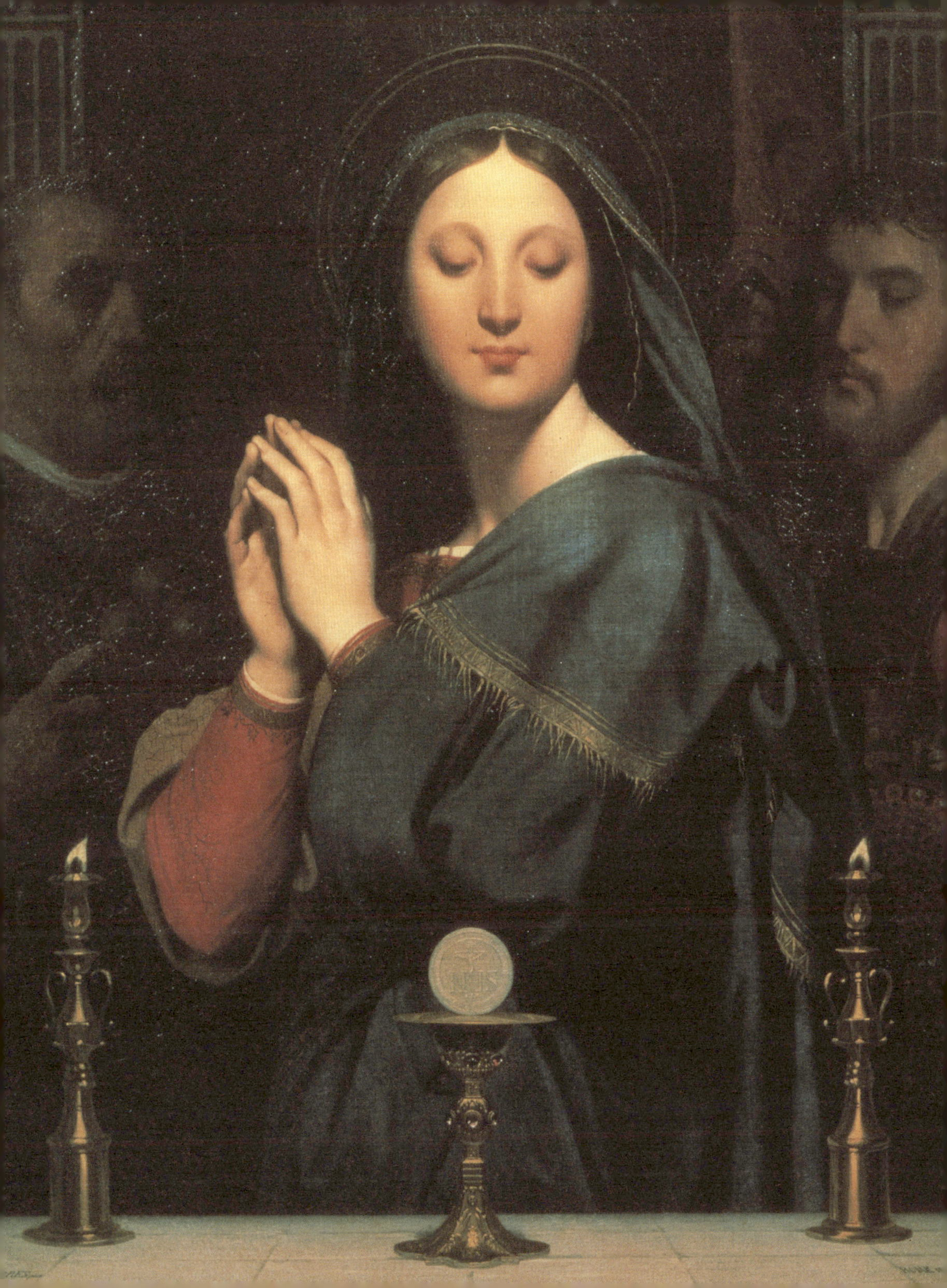

1824年，安格尔完成了为蒙托邦市圣母院绘制的《路易十三的宣誓》，这幅画的成功让他获得了官方的认可，成了法兰西学院的红人。渐渐地，安格尔在肖像画方面的声誉越来越高，来自富人的订单也源源不断。

《圣饼前的圣母》这幅画是安格尔在罗马时应俄国皇位继承人，也就是未来的沙皇亚历山大二世的要求画的。在画面的前景中，完美圣洁的圣母沐浴在一片柔光之中，安格尔赋予这位圣母拉斐尔式的面孔和发型，并用标志性的古典式线条来刻画她优雅的体态。圣母神态平静，脸颊红润，双手合十，做出祈祷的姿态，她眼睑低垂，目光所及之处是圣饼所在的位置，整个画面营造出一种平和、庄严的氛围。在圣母的身后两侧站着的是圣尼古拉和俄国人心目中的英雄亚历山大·涅夫斯基，二人都半隐在阴影中，轮廓也比较模糊，一切都是为了突出前面的圣母。这幅画的主要元素就是圣母衣服上的蓝色，以及对形状、光线和纹理的特殊运用。

在《圣饼前的圣母》这幅画中，安格尔用新古典主义的方式使用了艺术元素。这幅画中大量使用了实线，为画中的元素之间创造了明确的边界，比如用圣母衣服的边界线将她与背景以及其他人物分开。此外，背景中实线的运用还为画作增加了清晰度、深度和细节。画作在光线的运用上也很有新古典主义风格。圣母的脸处于完美的光线下，主要的光线都集中在她身上，使她从画面中脱颖而出，成为整幅画中明亮的角色，人们乍一看这幅画会有种肖像画的感觉。在构图上，整个画面具有对称的平衡感，一切事物都彼此对称和谐。同时，对称式构图造成的僵硬严肃又因圣母斜披的蓝色斗篷而得到缓和。安格尔创作这幅作品时，试图通过画面中的金银饰品和后面的两位男性角色，使这幅作品更符合俄国委托人的要求。但是不管画家怎么努力，作品都还是呈现出拉斐尔画作的风格，而且透露着天主教绘画的痕迹，不符合俄国的宗教信仰。因此，这幅画作在俄国受到冷遇，无论是统治者还是艺术院校对这幅画的评价都不太理想。在安格尔后来绘制的另一个版本中，圣母后面的圣人被两个法国圣人替代，该作被收藏在纽约大都会艺术博物馆中。还有一幅圣母两侧是小天使的版本藏于卢浮宫。

安格尔出生在一个艺术家庭。不过，作为他的艺术启蒙老师，他的父亲无论是在绘画方面，还是在雕塑方面都平平无奇。1797年，安格尔进入新古典主义画家雅克·路易·大卫的工作室学习，接触了新古典主义艺术。1801年，安格尔获得罗马大奖，这是法国政府设立的艺术奖，他因

位于前景中的圣饼是画面主角圣母的视线焦点

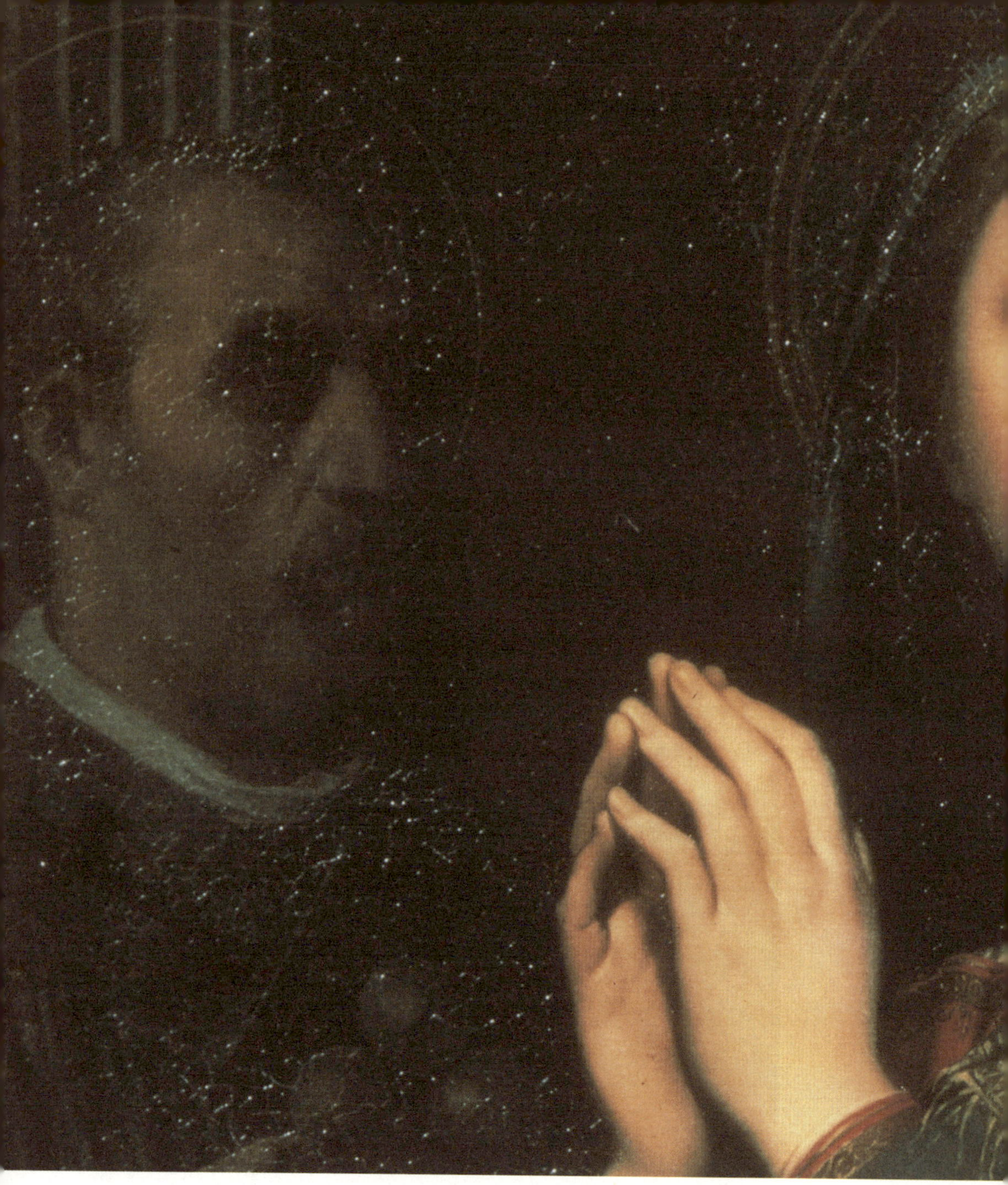

圣母神态平静，脸颊红润，双手合十，做出祈祷的姿态，整个画面营造出一种平和、庄严的氛围

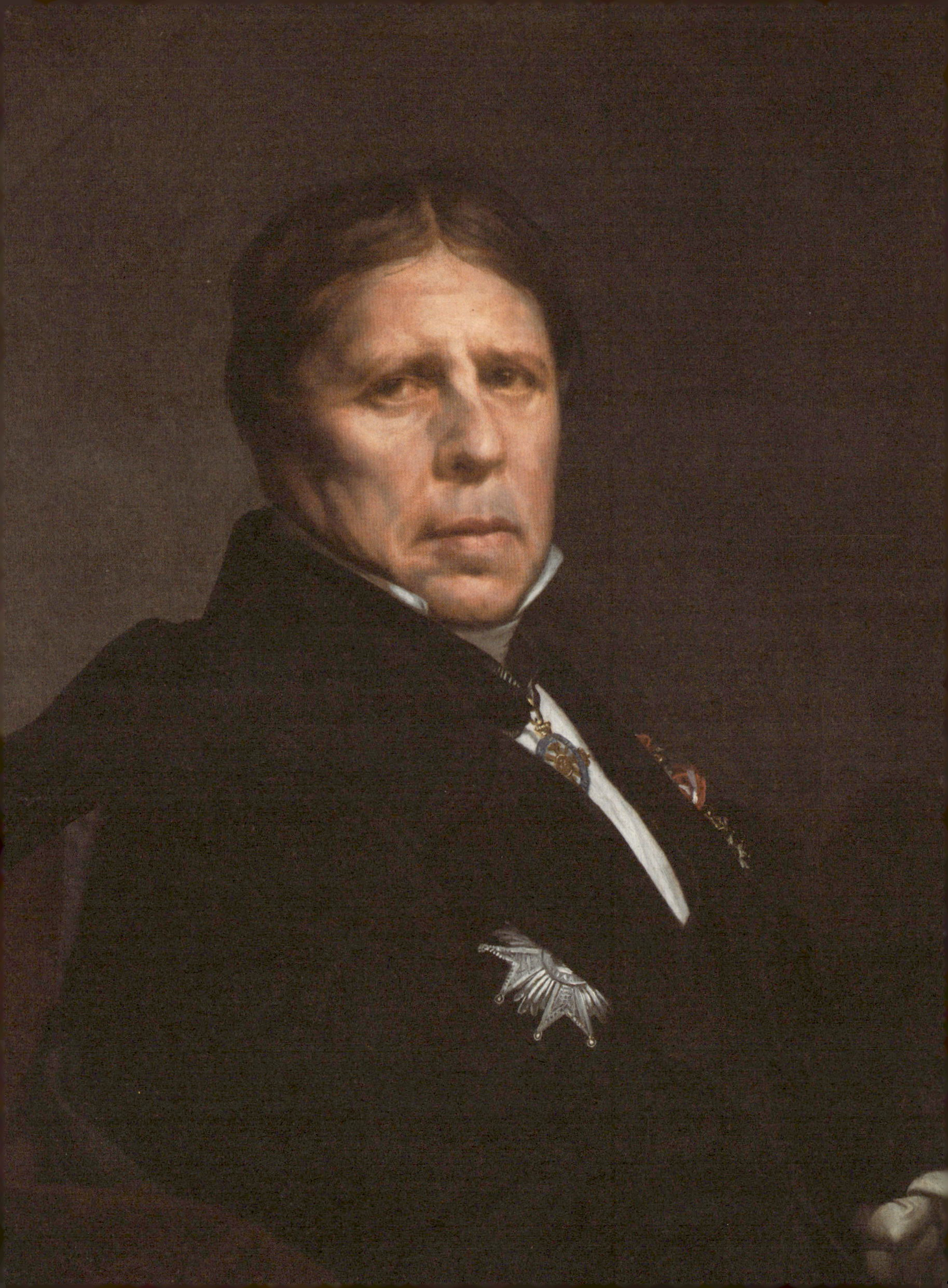

此获得了在罗马法兰西学院停留 4 年的机会，但因为资金的短缺，安格尔的罗马留学推迟到了 1806 年。在罗马，安格尔被文艺复兴时期古典大师的作品所吸引，尤其是拉斐尔的作品使他深受启发，这些给他一生的创作风格打下了印记。安格尔来到罗马后，会定期将画作寄到巴黎，这是对每位罗马大奖获得者的要求，以借此评判他们的学习成果。然而，安格尔的画并未受到肯定，评论家批评他的画是"哥特式的""不自然的"，认为他画的人物没有生命，甚至身体比例都不对。因此，在 4 年奖学金期满之后，安格尔又自费在意大利住了 14 年。直到 1824 年《路易十三的宣誓》问世后，安格尔才逐渐受到肯定和欢迎。

← 安格尔自画像
让·奥古斯特·多米尼克·安格尔
1859 年　65.4cm×53.7cm　布面油画
藏于剑桥福格艺术博物馆

卡普辛斯林荫大道

克劳德·莫奈（1840—1926），法国画家，印象派创始人之一。他重视户外写生，擅长用光线和色彩来表现瞬间的印象。在他的画作中很少看到明确的阴影与轮廓。

1873 年
61cm×80cm
布面油画

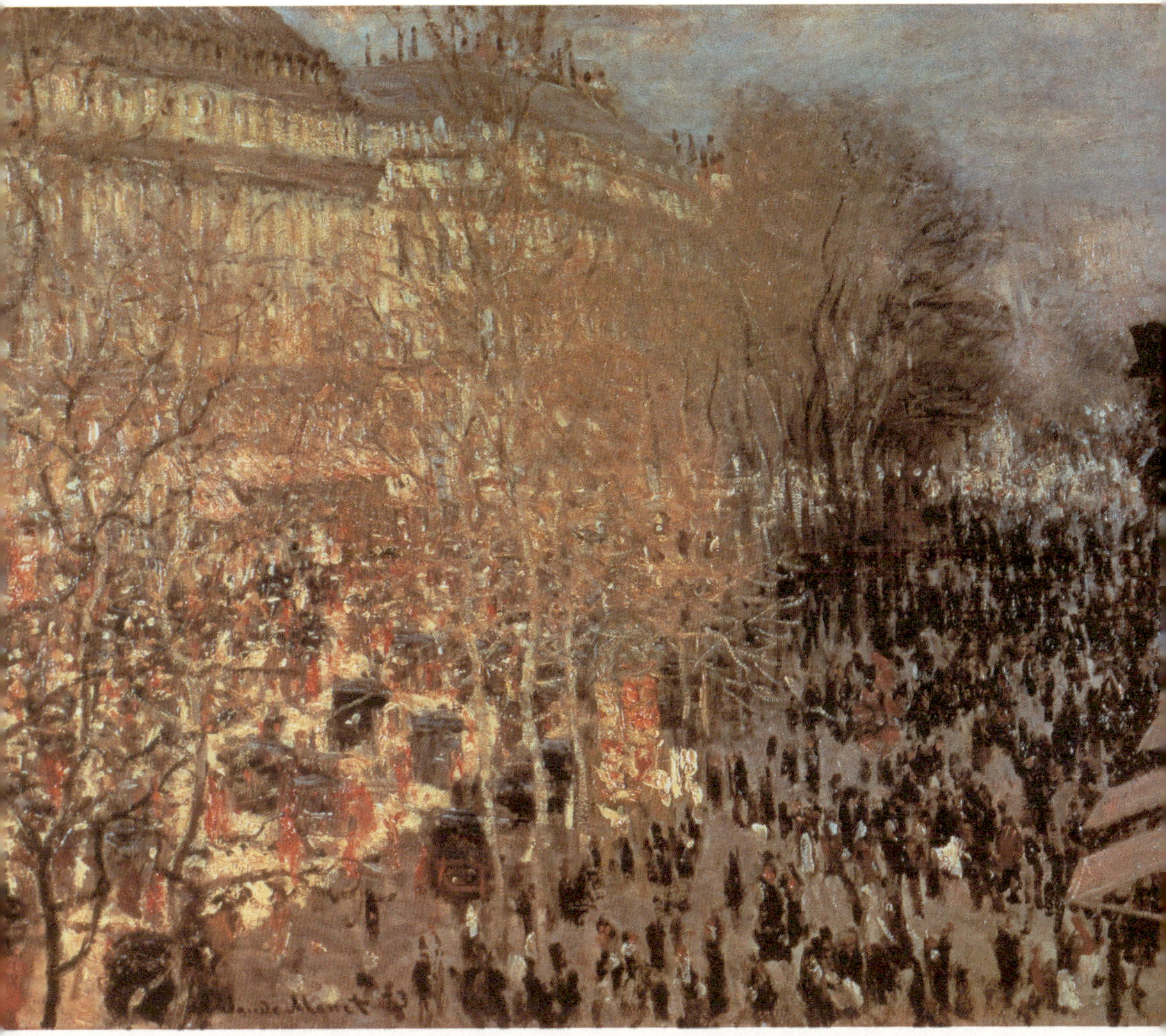

莫奈曾在巴黎居住过很长一段时间，他描绘了很多巴黎的城市生活场景，其中便包括对卡普辛斯林荫大道的描绘。这是奥斯曼（当时主持巴黎改建规划的长官）所规划的新大街之一，位于歌剧院附近，两旁是一些时尚的公寓与商店。在这幅描绘街景的作品中，莫奈细腻、松散的笔触给人带来一种空气流动的感觉，还有一种光线作用产生的朦胧感，而画面节奏传达了行人的步伐。同时，他还着重描绘了路边有钱人的马车、白衬衫和高礼帽，以及一簇红色的气球。这就是画家对一个日常生活场景的瞬间"印象"。

在创作时，莫奈选择将摄影师纳达尔位于大道 35 号的工作室作为观察地，以城市摄影的视角展开描绘，不但赋予了画面强烈的戏剧性和非凡的活力，还捕捉到了巴黎城市生活的瞬间。

莫奈曾经对自己的学生说："第一眼看到的才是最真实、最没有偏见的。"因此，莫奈认为，首次作画时应该尽可能地将画布画满，无论多么潦草，这样才能在一开始就确定最真实的色调和光线效果。这样的创作方式虽然使他的绘画看起来总是像一幅草图，但却抓住了城市转瞬即逝的运动状态。

莫奈是法国印象画派的代表人物及创始人之一，"印象派"一词就源自他的画作《印象·日出》，该作描绘的是晨雾笼罩中港湾日出时的景色。在 1874 年，一群被排斥在巴黎官方沙龙之外的画家，包括莫奈、毕沙罗、德加、雷诺阿、塞尚和莫里索等，以"无名画家、雕塑家、版画家协会"的名义在摄影师纳达尔的工作室里举办了一次与官方沙龙相抗衡的群体展。有一位批评家看到展览中莫奈的《印象·日出》，就将这次展览戏称

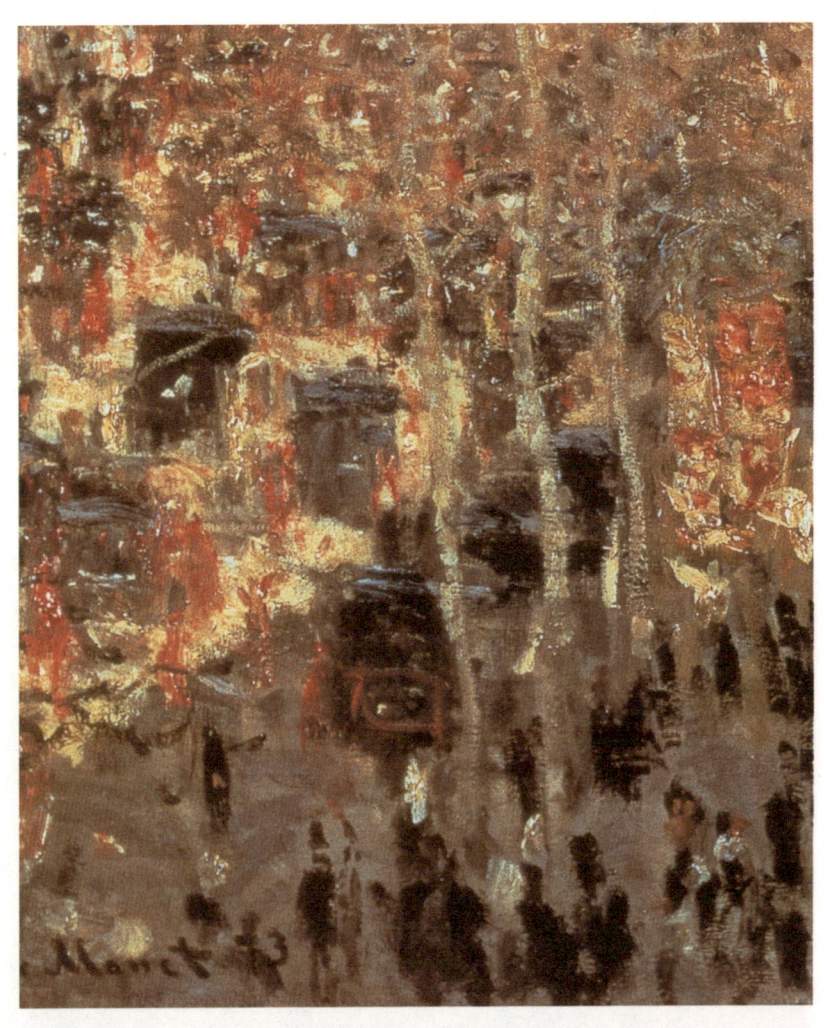

为了突出"印象"的感觉，莫奈用深色的斑点去表现熙熙攘攘的行人及交通工具，笔触快速而富有表现力

俯视的视角能更好地捕捉街道的特征，画面右侧两位探出身子的绅士就像是这一生活场景的见证者

为"印象主义者展览会"。人们也戏谑地称那些参加展览的画家为"印象主义画家"。那么,"印象"一词到底是什么意思呢?

印象派的画作和之前见过的所有画作都不一样。印象派画家的作品大多取材于亲身感受的现实生活和自然风景,提倡户外写生,强调要描绘视觉的真实印象,追求对光、色和大气的表现,而弱化对绘画对象轮廓线的勾勒。他们已经意识到了光线和色彩相互作用的神奇效果,并对这两种元素加以仔细观察和理解,这让他们在描绘不断变化的景色时能够真正抓住那种转瞬即逝的状态。

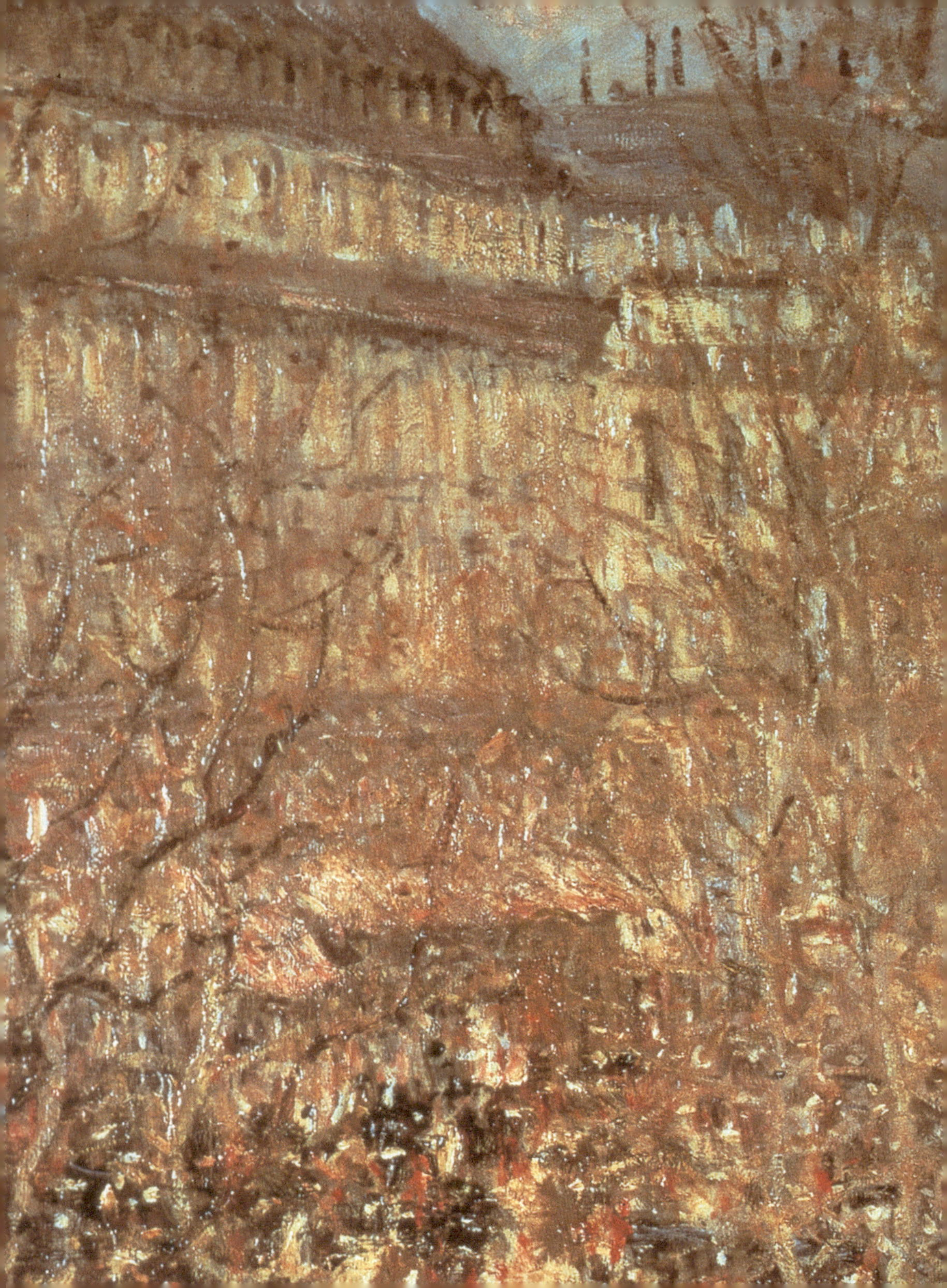

莫奈是如何描绘阳光的呢？看一看画面中表现树枝和建筑细部的小圆点或条纹，画家将冷色和暖色并置在一起，这些独立的小圆点或条纹真的能使画面亮起来，看起来如真实的阳光那样闪闪发亮

在煎饼磨坊的树下

皮埃尔-奥古斯特·雷诺阿（1841—1919），法国印象派的重要画家。他的画作以充满活力的光线和饱和的色彩而闻名。

1876 年
81cm×65cm
布面油画

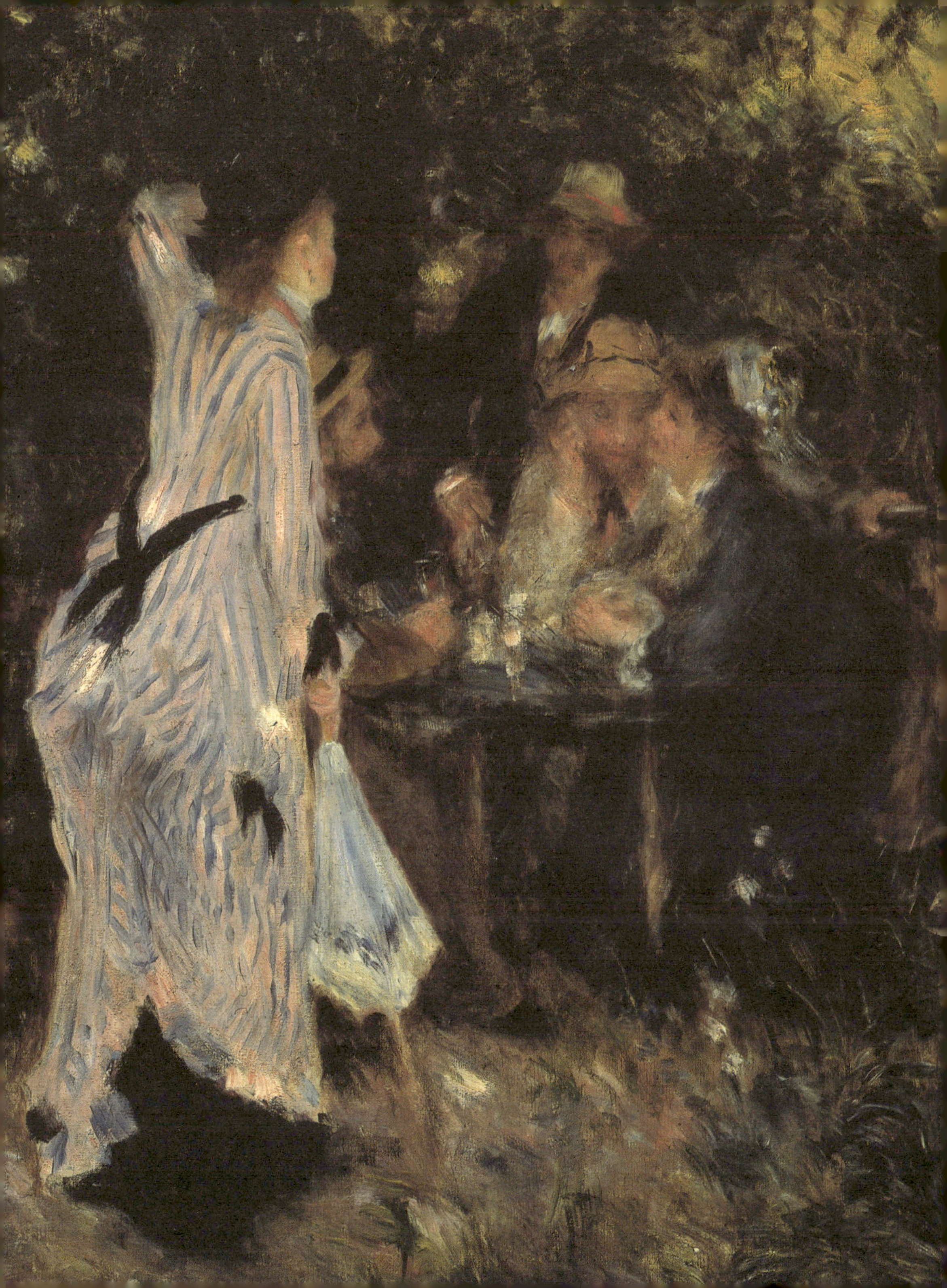

这幅画描绘了 19 世纪晚期巴黎蒙马特地区一个典型的周日下午，穿戴得体的资产阶级在草地上跳舞、喝酒、吃烤饼。像雷诺阿的许多早期画作一样，《在煎饼磨坊的树下》可以说是一张生活的快照。画中的人物是雷诺阿的几个朋友，他们仿佛在开心地谈论着什么，画作散发出的自然感和饱满的生命力令人着迷。

画作中阳光和阴影在人们身上形成的明暗对比让整个画面富有生气，雷诺阿那轻柔的、天鹅绒般的笔触似乎带有一种梦幻般的美。在这件作品中，画家仅描绘了前景中几个人物头部的些许细节，不过，这些细节之处也是以极其大胆和简洁的手法完成的。背对着我们的女士，她的明亮衣服以粗放的笔触画成，坐着的那位女士是我们目光的焦点，但她的面部看起来也是草草画成的，裙子几乎与周围环境融为一体。往远处看，画中形象就越来越隐没在阴影之中了。

为什么雷诺阿敢于让画面呈现出这种"速写化"的特点呢？我们思考一下，如果雷诺阿详细地画出每一个细节，画面就会显得沉闷，缺乏生动感。所以他有意识地把人物轮廓画得模糊不清，甚至用光斑打破构图。因为他知道，人的眼睛是奇妙的工具，只要给它恰当的暗示，它就会帮你组成整个形状。现在你的目光可以回到这幅画上，虽然画家的笔触断断续续，但你会觉得画面中的人物看起来不完整吗？

雷诺阿于 1841 年出生在法国中部的利摩日，后来全家迁往巴黎。他从小在巴黎长大，13 岁便开始在瓷器厂画瓷器。1862 年，他在查尔斯·格莱尔的画室与莫奈结为好友，后加入了印象派的队伍。尽管印象派画家们在光线及色彩的运用等方面有着相似的特点，但不同艺术家的作品也各有自

阳光和阴影在人们身上形成明暗对比，轻柔的笔触有一种梦幻般的美

粗放的笔触使裙子几乎与周围环境融为一体

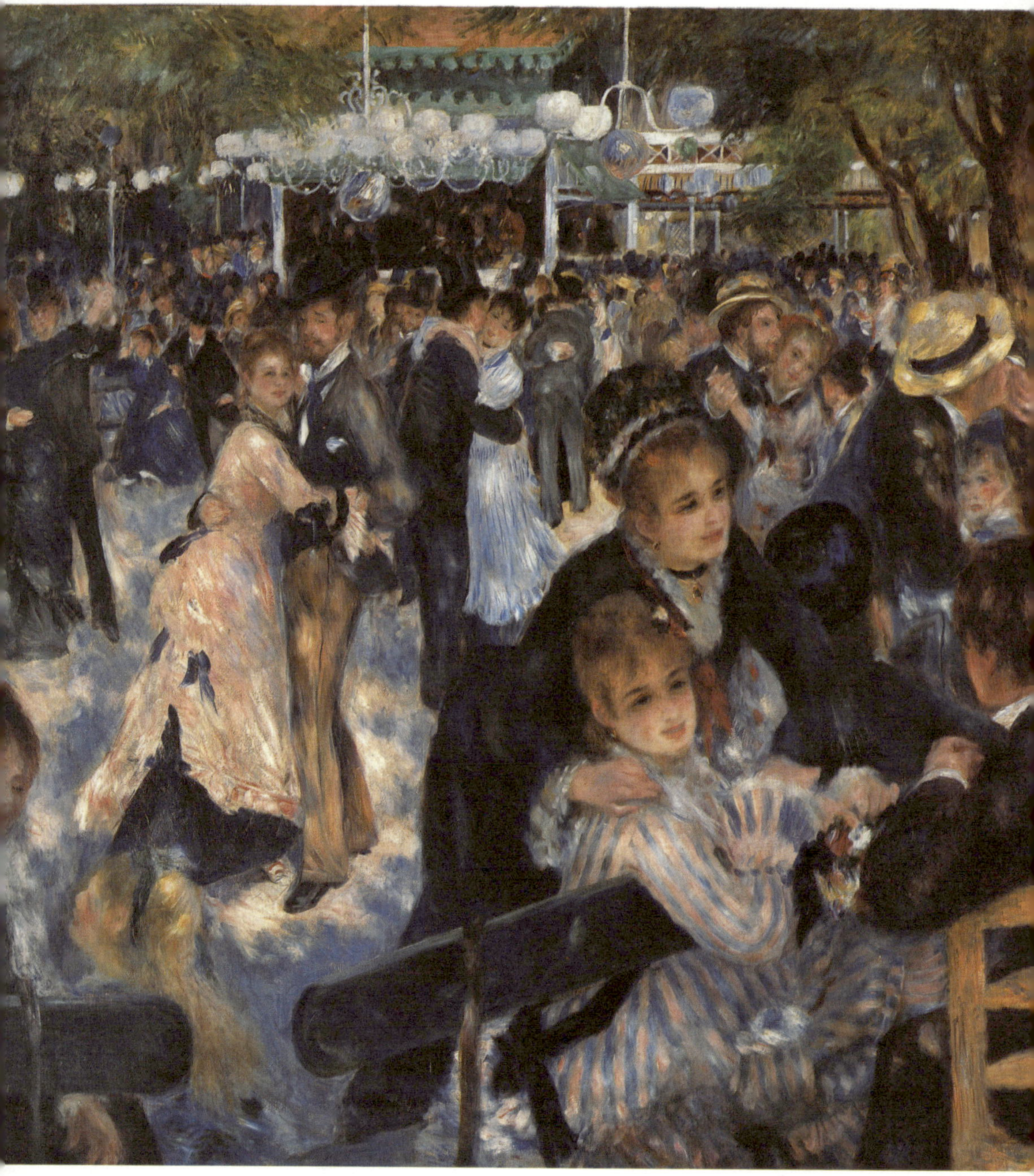

己的特色。就雷诺阿而言，他擅长对人体的描绘，以自己独有的方式呈现人体的美和人生的愉悦。人们总是会说起一件关于雷诺阿的逸事。一次，一个在画室学习的学生问他："如果绘画不能让你开心，你就不会动笔，是这样吗？"雷诺阿答道："是的。请你相信，如果没有兴趣，我什么都不会画。"对雷诺阿来说，艺术是用来分享快乐的，他极少描绘苦难，但却能在自己的作品里揭示近代生活的某种本质。近代巴黎的娱乐场所，例如舞厅、音乐厅和咖啡馆等都是他喜欢描绘的场景。

我们刚刚介绍的《在煎饼磨坊的树下》被看成是画家代表作《煎饼磨坊的舞会》的草图。你看，穿蓝色条纹裙子的女士、大胡子的男士以及其他几位朋友是不是又在这幅画中出现了呢？

煎饼磨坊的舞会
皮埃尔－奥古斯特·雷诺阿
1876 年　131.5cm×176.5cm　布面油画
藏于巴黎奥赛美术馆

067

放风的囚犯

文森特·威廉·凡·高（1853—1890），荷兰画家，后印象画派的主要代表。他喜欢用跃动的线条、凸起的色块，表达主观的感受和激动的情绪。

约 1890 年
80cm×64cm
布面油画

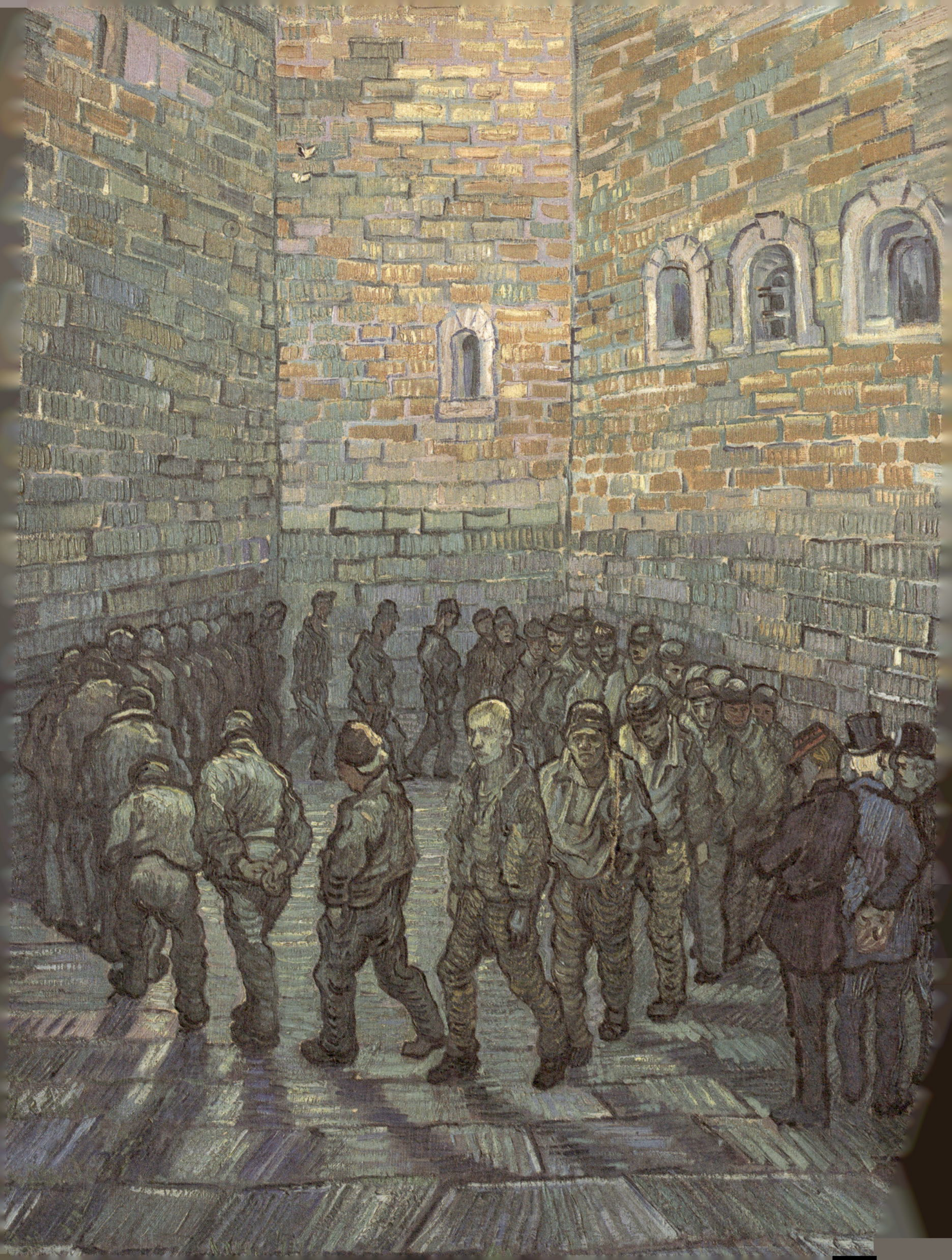

尽管印象派画家对凡·高的绘画风格影响很大,但在这幅画中,凡·高没有使用印象主义者惯用的那种小色点,而是以蠕动的线条构成画面

这幅画属于凡·高的晚期作品，是他在圣雷米的圣保罗精神病院里创作的，构图参考了古斯塔夫·多雷的一幅版画。凡·高在精神病院的这段时间里，院长佩永医生和他的弟弟提奥非常鼓励他画画，因为画画有助于他的康复。但由于无法外出写生，凡·高开始临摹其他画家的作品。

这幅画描绘了一群囚犯在幽闭恐怖的监狱院子里围成一个圈放风的场景，院子四周是砖墙，墙上有几扇拱形小窗。囚犯们正依次从狱警面前走过，以便让狱警们记住每个囚犯的脸。这幅作品以忧郁的蓝绿色为主色调。除了材质以外，这幅画与多雷的版画还有什么不同之处呢？多雷以写实的风格无情地描绘了监狱的现状，凡·高则通过营造画面压抑的氛围和塑造人物凄惨的形象，表达了自己内心对犯人的悲悯之情。这些囚犯看起来死气沉沉的，画面压抑、沉重，只有两只白蝴蝶飞向高处，象征着希望和纯洁，也表达了囚犯对自由的渴望。

凡·高是荷兰后印象派画家，也是表现主义的先驱，他深深地影响了20世纪的艺术发展，尤其是野兽派与德国表现主义。凡·高的作品，如《星夜》《向日葵》《有乌鸦的麦田》等，现已列入全球最知名艺术作品的行列。

凡·高想过一种精神充实的生活，并成为一个对社会有用的人。受这种愿望的影响，在成为画家之前，他尝试了许多职业。他曾在一家艺术品商店里工作，每当有顾客想购买劣质画作的时候，他便坦诚地告诉顾客这幅画哪里画得不好，因此这份工作他很难再干下去。此后，他试着当了几个月的老师，但由于脾气太过暴躁，也没能成为一个好的老师。后来，他去了比利时的煤矿区当传教士。在那里，他把自己的住所让给了一个

一名在画面前景中的囚犯,没有戴帽子,他转过头来望着观众。我们惊奇地发现,他的面孔与凡·高本人很像!这可能是画家想表达:在这段特殊的日子里,自己也像一个"被囚禁者"般孤独和绝望

无家可归的人,自己搬到了一个小屋,睡在稻草上,但教会却以"破坏传教士的尊严"为由解雇了他。最后,他走上了绘画之路。1886年,凡·高搬到了巴黎,他的弟弟提奥一直资助他在巴黎的学习和创作。再后来,凡·高在法国南部一个叫阿尔勒的小镇上定居,并在那里创作了很多作品。凡·高比较著名的作品大部分都是在他生命的最后两年里创作的。在这期间,凡·高被精神疾病深深困扰。37岁时,他用一把手枪结束了自己的生命。

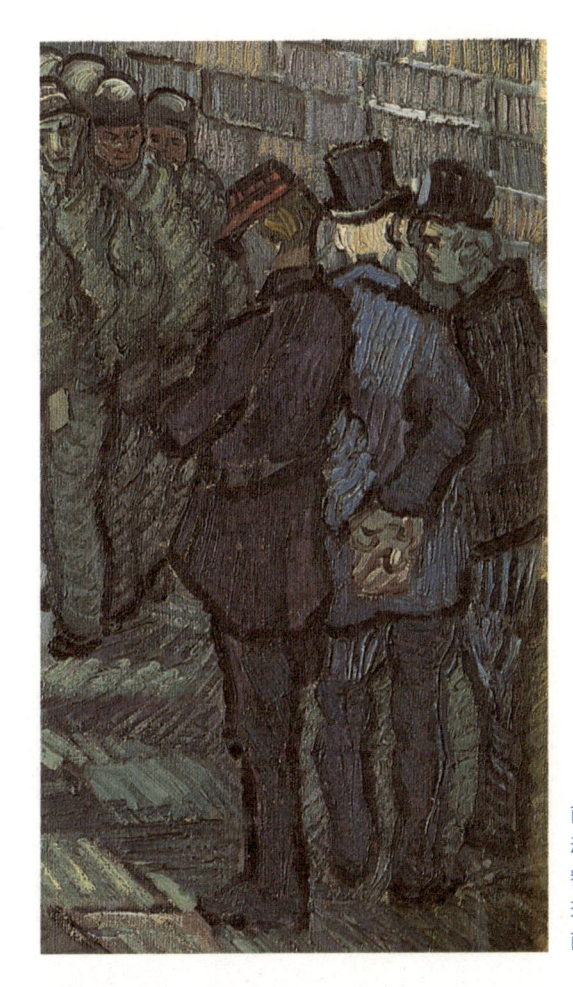

前景中，狱警监视着囚犯的活动。两个戴礼帽的狱警在一旁窃窃私语。他们的肢体语言表现出资产阶级的冷漠，加强了画面故事的悲剧效果

在凡·高的一生中，弟弟提奥对于他来说非常重要。提奥不间断地、无私地为凡·高提供经济资助，二人终生保持书信来往。有种传闻是，凡·高生前出售的画作《红色的葡萄园》是他的弟弟拜托友人购得，这其实是提奥以一种间接的方式鼓励、资助着凡·高。

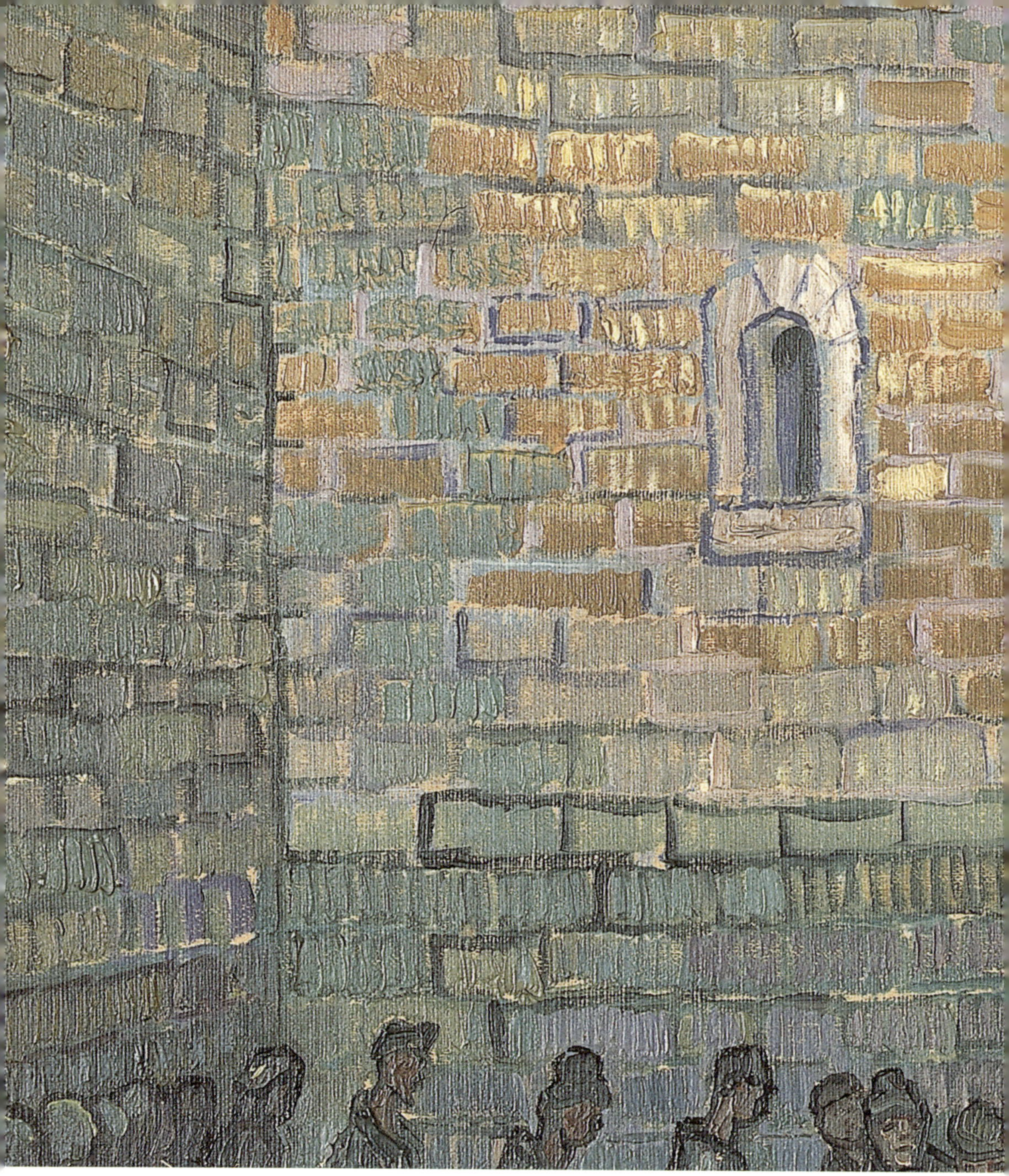

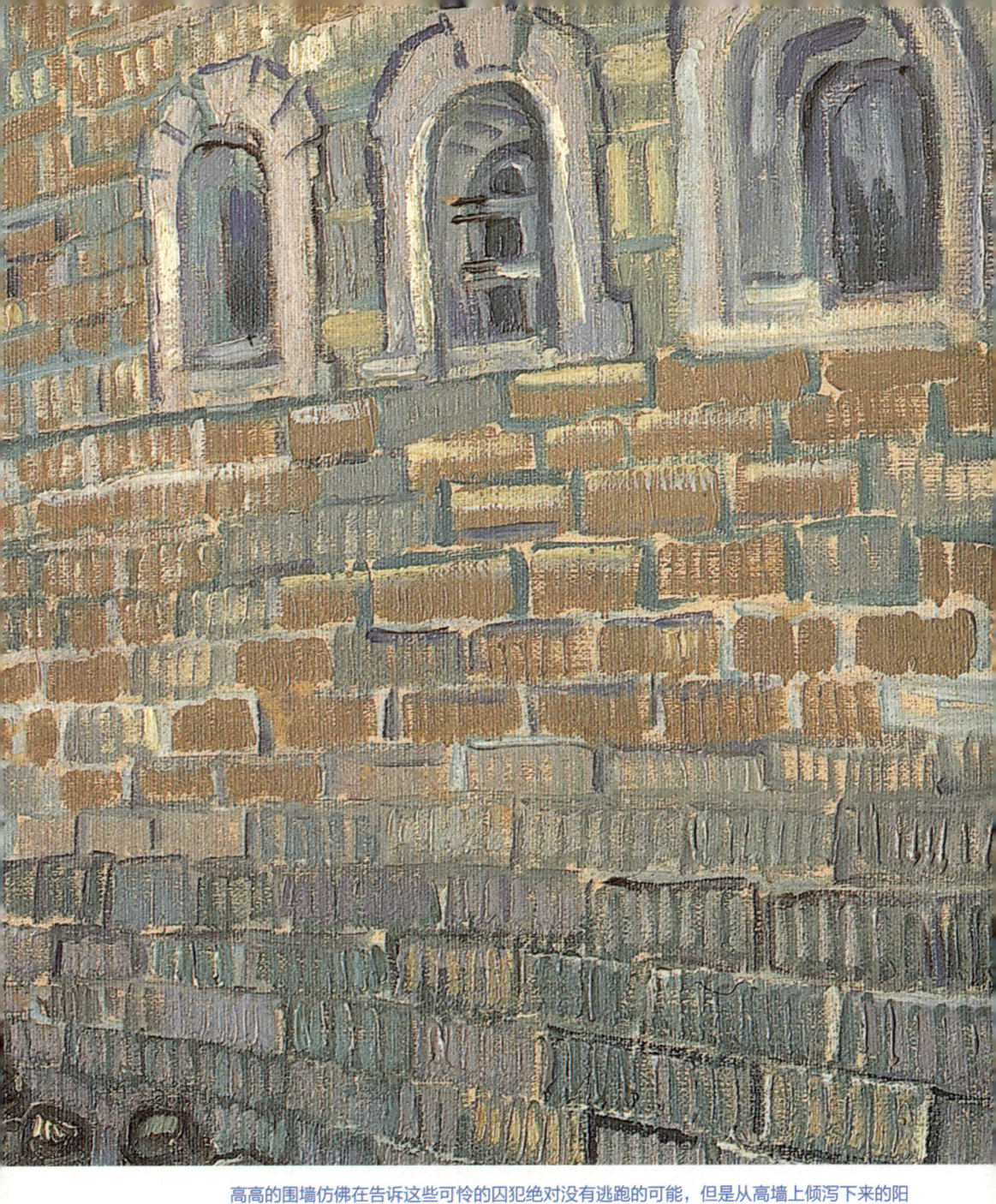

高高的围墙仿佛在告诉这些可怜的囚犯绝对没有逃跑的可能,但是从高墙上倾泻下来的阳光却给他们带来了一丝希望

桃与梨

保罗·塞尚（1839—1906），法国画家，后印象画派的主要代表。他尝试通过分解物象的方式表现意象，对立体主义等 20 世纪现代艺术的影响很大。

1890 年—1894 年
61cm×90cm
布面油画

077

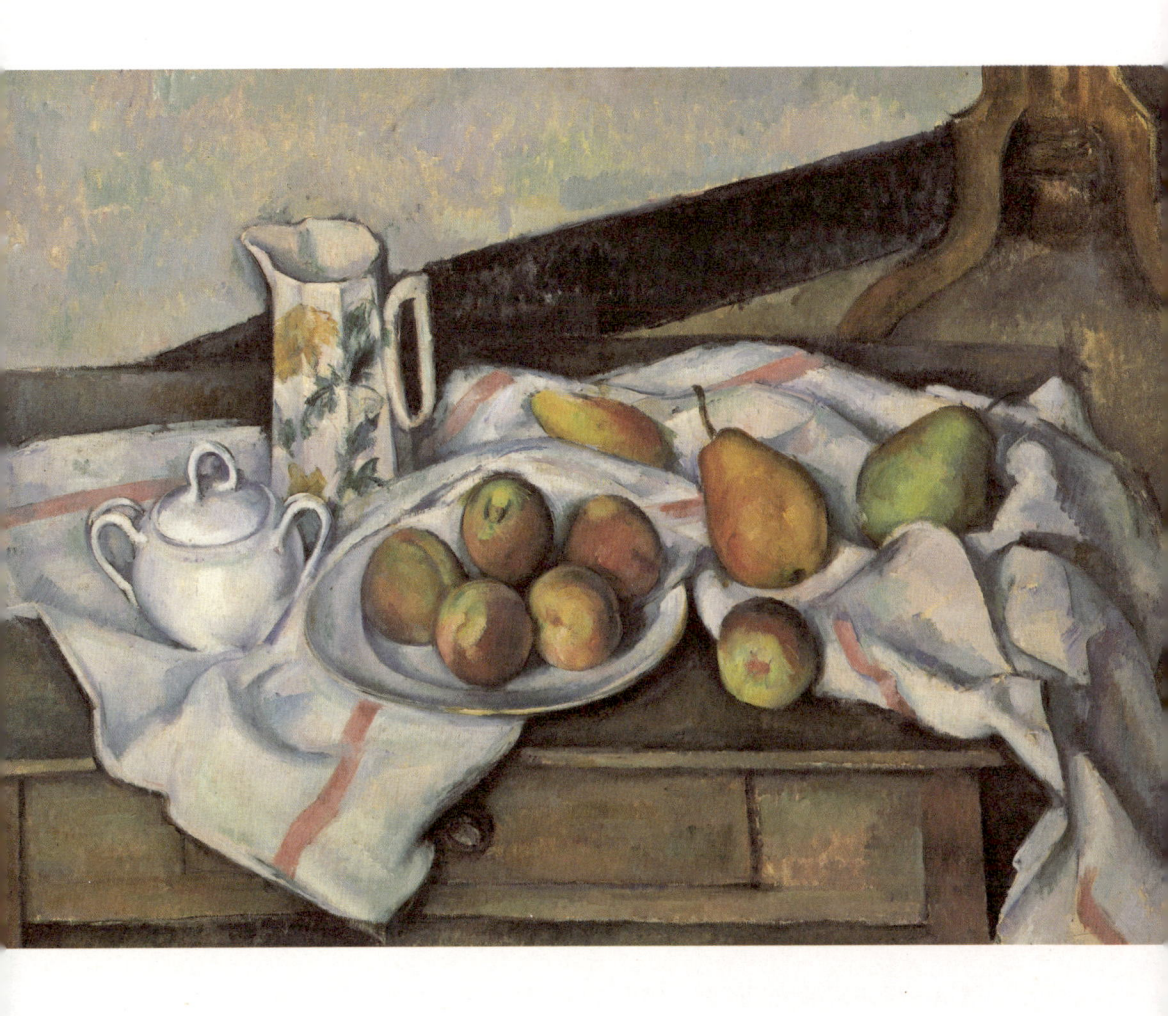

塞尚对如何用最基本的几何图形来表达生活中的物件非常感兴趣，同时他还能在画面中把这些物件安排得井井有条、合情合理，这也使他成为卓越的静物画画家。一些简单的东西也能引起他的兴致。桌上有一盘水果、一些陶瓷器皿和一块起皱的布，如何在画面中把这些不同种类的东西安排得和谐呢？

在塞尚的作品《桃与梨》中，被描绘的对象似乎失去了自己的特征，被还原成了圆柱体、球体等几何元素。我们可以看出，塞尚已经不再把传统的画法看作理所当然的规则了，静物画正是他探索全新绘画语言的载体。在进行绘画创作时，塞尚会对所描绘的物象进行选择并合理地安排它们，使其处于最佳位置上。据说，塞尚会在每个水果下面放一枚硬币作为标记，方便他每次拿起观察时还能复位。正是因为塞尚需要对这些静物进行长期的观察和分析，他不得不放弃易腐烂的水果和鲜花，而选择苹果、洋葱或者其他容易保存的果蔬种类。

仔细看这幅画，塞尚将三维几何物体（陶器、水果）和彩色的平面装饰物（桌布、墙布和瓷器上的绘画）放在了一起，构成了动态的框架，我们可以真切地感受到每一件物品的空间感、重量和材质。画中桌布的褶皱在白色和蓝色墙壁的背景前，纠结成一个个的小尖包，看起来就像他风景画中出现过的山丘。

回到文章第一段末尾提出的问题，如果你仔细观察就会发现，画面中的水果、盘子和桌面看起来并不符合传统的透视关系，桌面的角度朝观众倾斜，水果的摆放也是为了更好地呈现它们的形态。画面充满褶皱的桌布不再是我们熟悉的家居用品，它的存在是为了将水果作为一种

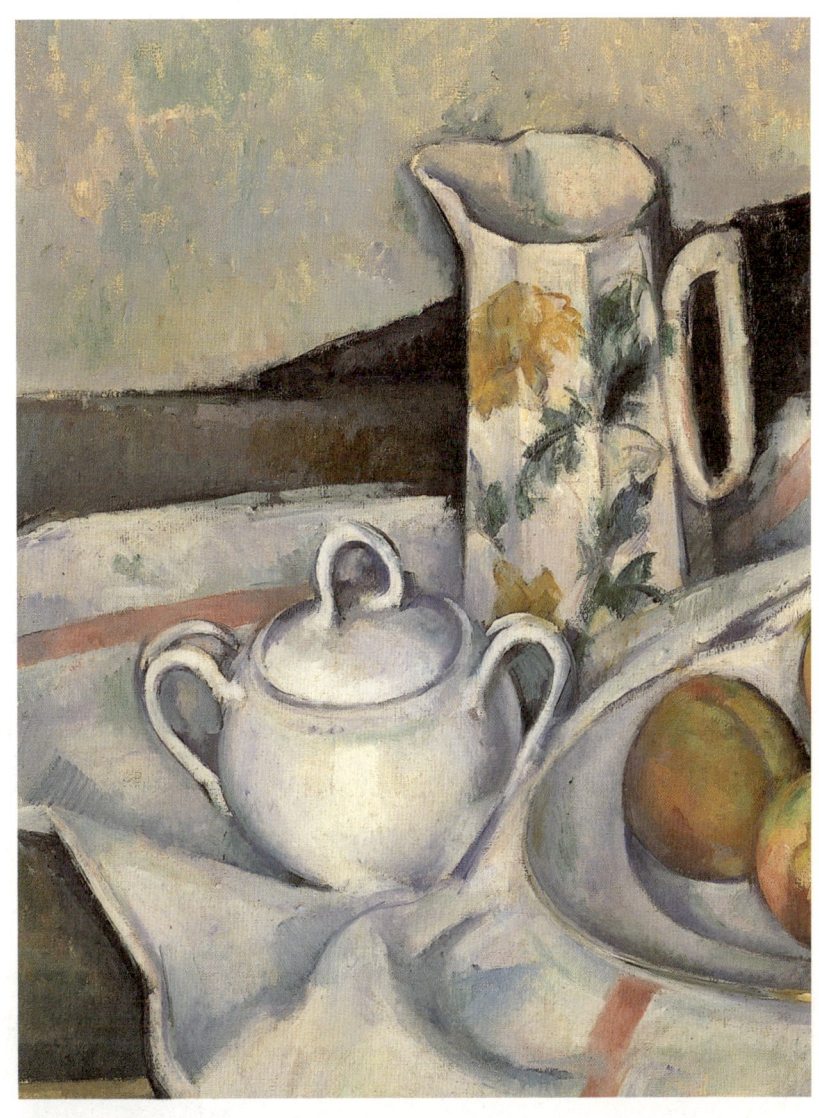

塞尚画了几种不同的静物,奶壶和糖罐被放在左侧,桌布的走向沿着墙根的黑色踢脚线延伸,画面显得很活泼

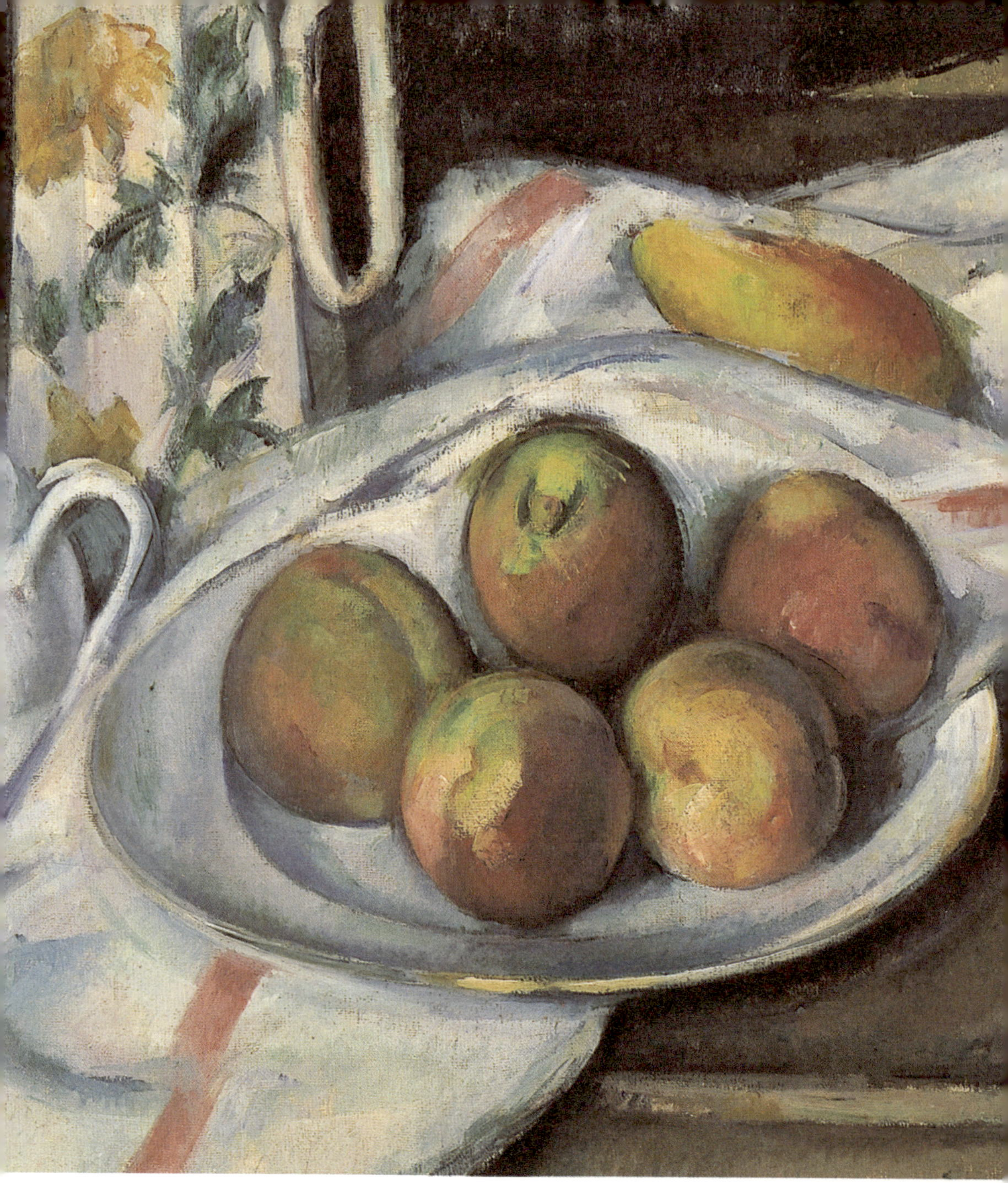

塞尚想研究桌子上的各个物体在相互关联的情况下所呈现出的形态，所以他令桌子向前倾斜，使桌子上的物体都能被看到，导致所有物体都呈现出一种向下滑的状态

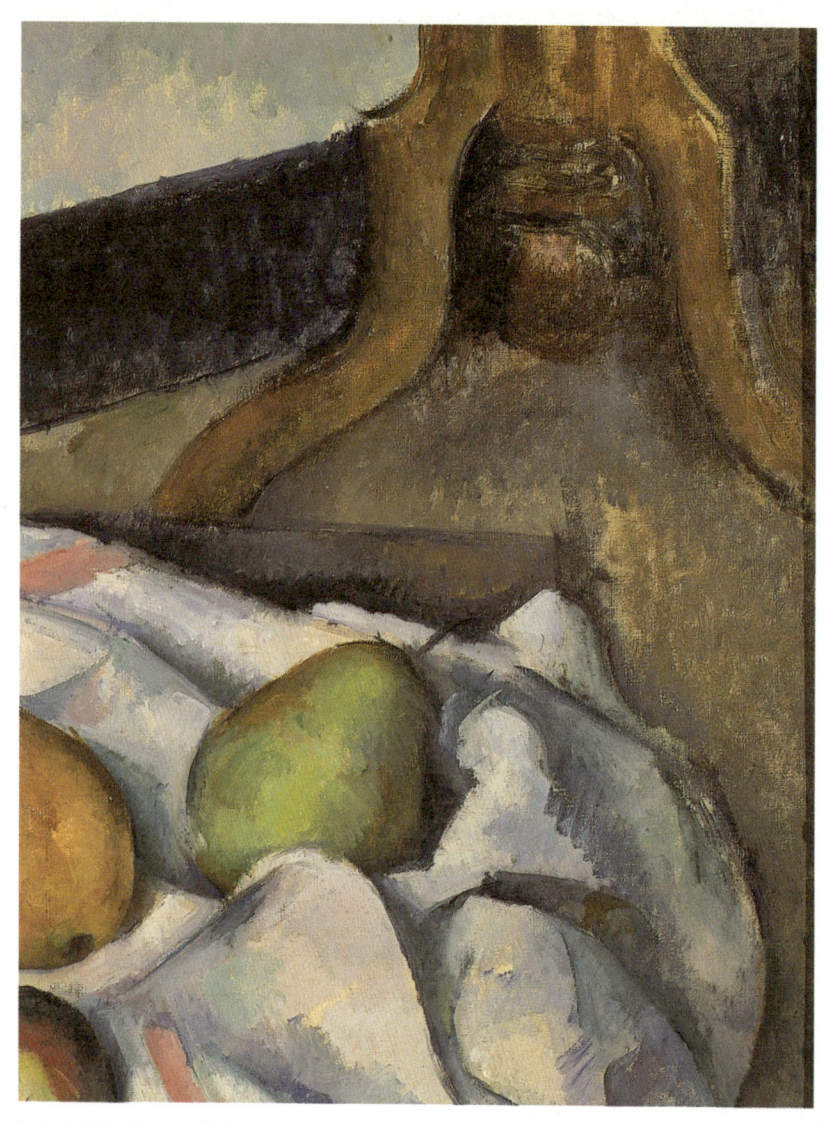

画面中还有另外一个物体，它可能是一张三条腿的桌子，这个物体的呈现让画面像被裁掉了一部分

"美的景致"衬托出来。设想一下，如果将这样排列的水果摆在一张什么也没有的餐桌上，也就是把这张皱得离奇的桌布去掉，那么画面的构图将会显得既刻意又杂乱。塞尚将这些静物与其自身功用完全脱离开来，是为了将绘画本身的形式美发挥到极致。在这个世界上，所有无生命的东西都可以成为静物画的题材，有了画家的巧思，一切平凡的东西都可以具备艺术的特质。

塞尚是一位著名的画家，也是后印象主义的代表人物之一。他一生都在勤奋地作画，探索着新的绘画方法，尝试用色彩的配合来表现物象的体积、深度等，而不是依赖传统绘画的明暗效果。在他的画中，我们能看到用色彩的冷暖变化塑造的形体、用几何元素塑造的形象。塞尚的绘画对亨利·马蒂斯和巴勃罗·毕加索产生了极大的影响，他的绘画方法以及他所提出的"自然界所有物品皆可用圆柱体、球体或圆锥体来表现"的艺术主张，深刻地影响着20世纪的艺术。

小链接

后印象画派指的就是继承印象画派并加以变革或反对印象画派的各个不同流派。在19世纪末，许多曾受到印象画派鼓舞的艺术家开始反对印象画派。主要代表人物有塞尚、高更和凡·高等。他们的共同点是强调对内在心灵世界的表现，并开始尝试让画面中的线条、形式及色彩更富有表现性。这些艺术家及其拥护者被人们称为后印象画派。后印象画派对后来的野兽派及表现派有很大影响。

蓝色芭蕾舞者

埃德加·德加（1834—1917），法国画家、雕塑家。他后期的创作倾向于印象画派，题材多取自芭蕾舞剧院、咖啡馆和赛马场等。

约 1898 年
65cm×65cm
纸上粉彩

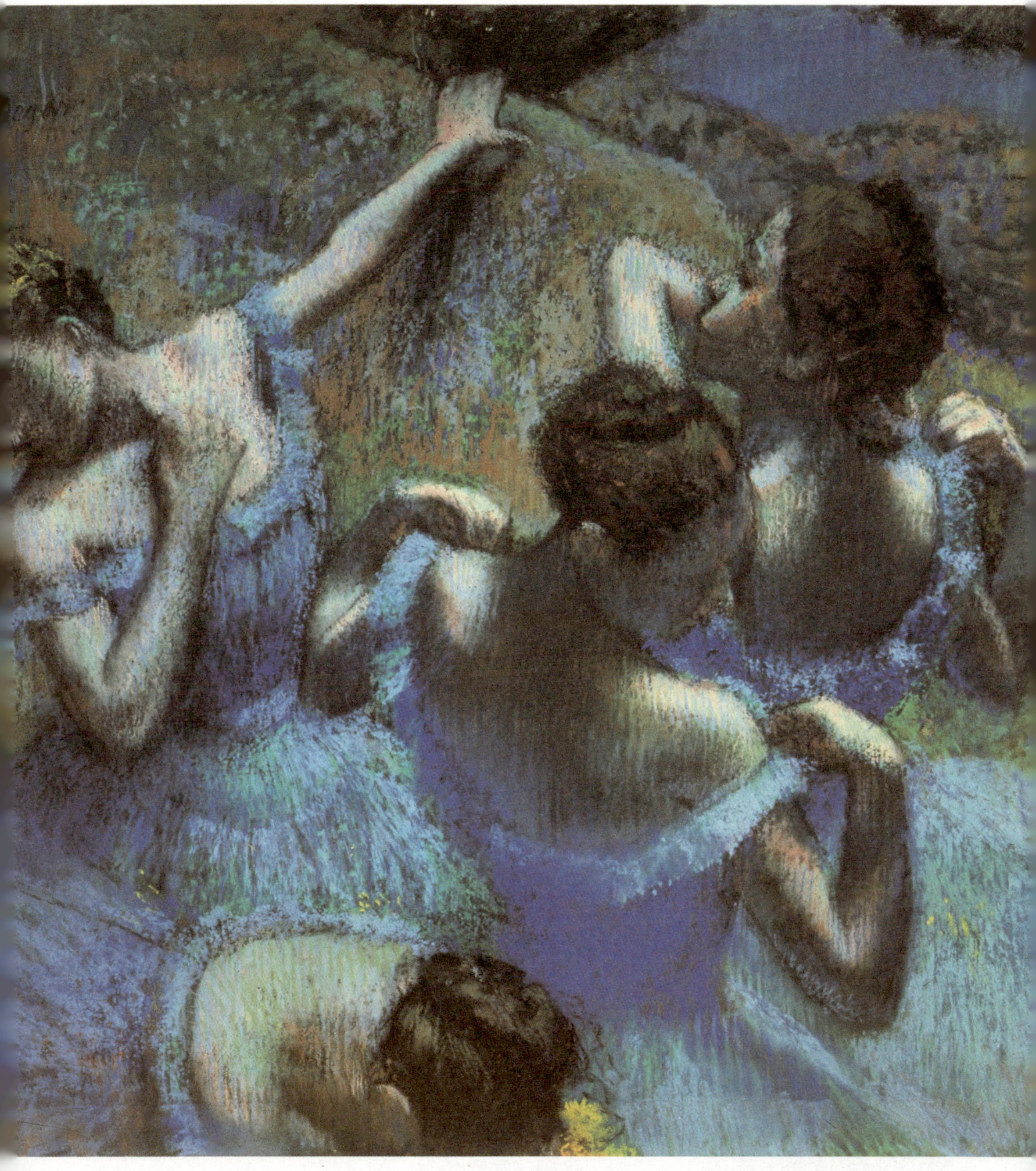

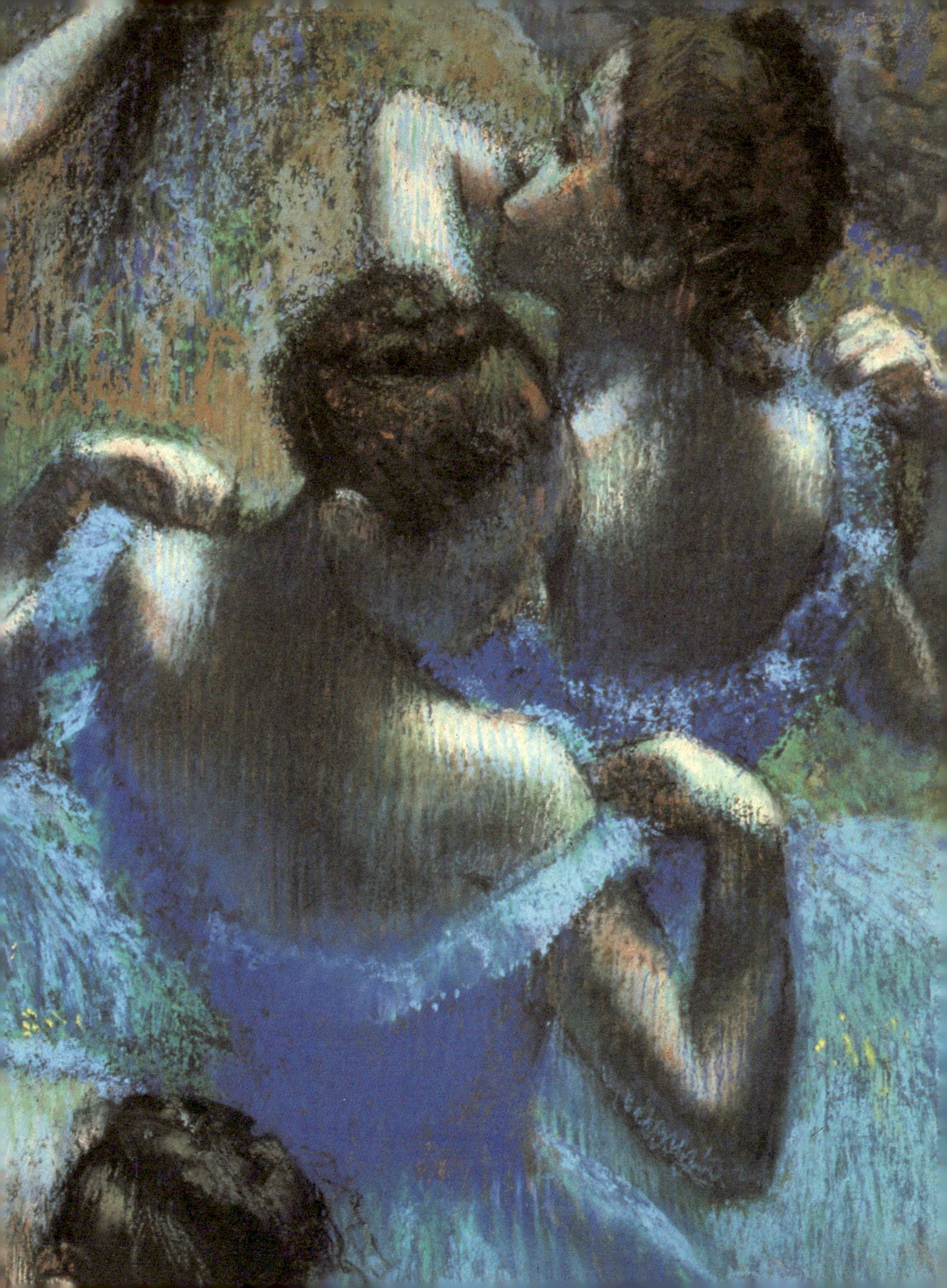

德加喜欢在芭蕾舞剧院中寻找绘画灵感，尤其是观看芭蕾舞剧的排练，让他有机会从各个角度看到舞者富有变化的身体姿态。德加从看台上往下看，以一个俯视的角度，可以观察到少女们跳舞或休息时的样子，研究复杂的舞蹈动作和舞台照明在人身上产生的光影效果。《蓝色芭蕾舞者》是德加用彩色粉笔完成的作品，画面的布局看起来很随意。画中的一些舞者，我们只能看见她们的上半身，甚至有一位只露出了她的后脑勺。她们或在做着拉伸，或在整理自己的上衣，仿佛都沉浸在自己的世界中，并没有意识到这场"偷窥"。德加把光照到的地方绘制成了蓝色调,画面用色明亮、大胆。尽管此时不良的视力让德加在创作时受到很大的限制,但视力的衰退反而让他的画面更加纯粹,人物的轮廓线消失了,只剩下因反复描绘而变得结实的躯体。

埃德加·德加

德加的画里看起来没有故事。他在描绘芭蕾舞女演员时,对她们当时的内心活动似乎并不关心,他只是用印象主义者观察周围风景时的那种冷静、客观的态度去观察她们。德加看重的是光影在人体上所呈现出的效果,思考的是可以用什么方式来表现运动或空间。

1834年,德加出生于一个富裕的家庭,他的父亲掌管着家族银行的巴黎分行。1865年,德加成功融入了印象派画家马奈和诗人波德莱尔在盖尔布瓦咖啡馆的交际圈。不过,德加不喜欢自己被贴上"印象主义者"的标签,也许是因为他不像其他印象主义画家那样,对自然风景有着一种超乎寻常的兴趣,他喜欢在室内作画,记录近代巴黎的生活场景,且常常将观众置于不为人所注意的窥探角度。此外,德加敏锐的眼睛几乎捕捉到了社会上所有阶层的人,从中产阶级、工人阶级到社会边缘的人都被德加画进了自己的作品中。

龟户梅屋铺
歌川广重
1857 年　36cm×23.5cm　版画
藏于纽约布鲁克林博物馆

为什么德加在创作时不将他所看到的形象都完整地表现出来呢？学者们认为，德加这种创新性的构图方式大概是受到了日本版画的影响。19 世纪 50 年代，大量日本版画涌入了巴黎市场，而马奈周围的艺术家们最早接触到这些版画，其中就包括德加。日本艺术家乐于从各种新奇的角度去表现这个世界，他们会毫不迟疑地把一些人物或风景绘制成被画幅边缘截断或者被画中帘幕切断的样子。这种大胆生硬的画面剪裁方式与紧缩的空间安排方法无疑影响了德加和其他印象派画家。

安布鲁瓦兹·沃拉德像

巴勃罗·毕加索（1881—1973），西班牙画家、雕塑家。他是立体主义画派的创始人之一和西方现代派绘画的主要代表，是当代西方最有创造性和影响最深远的艺术家，是20世纪最伟大的艺术天才之一。

1910年
92cm×65.5cm
布面油画

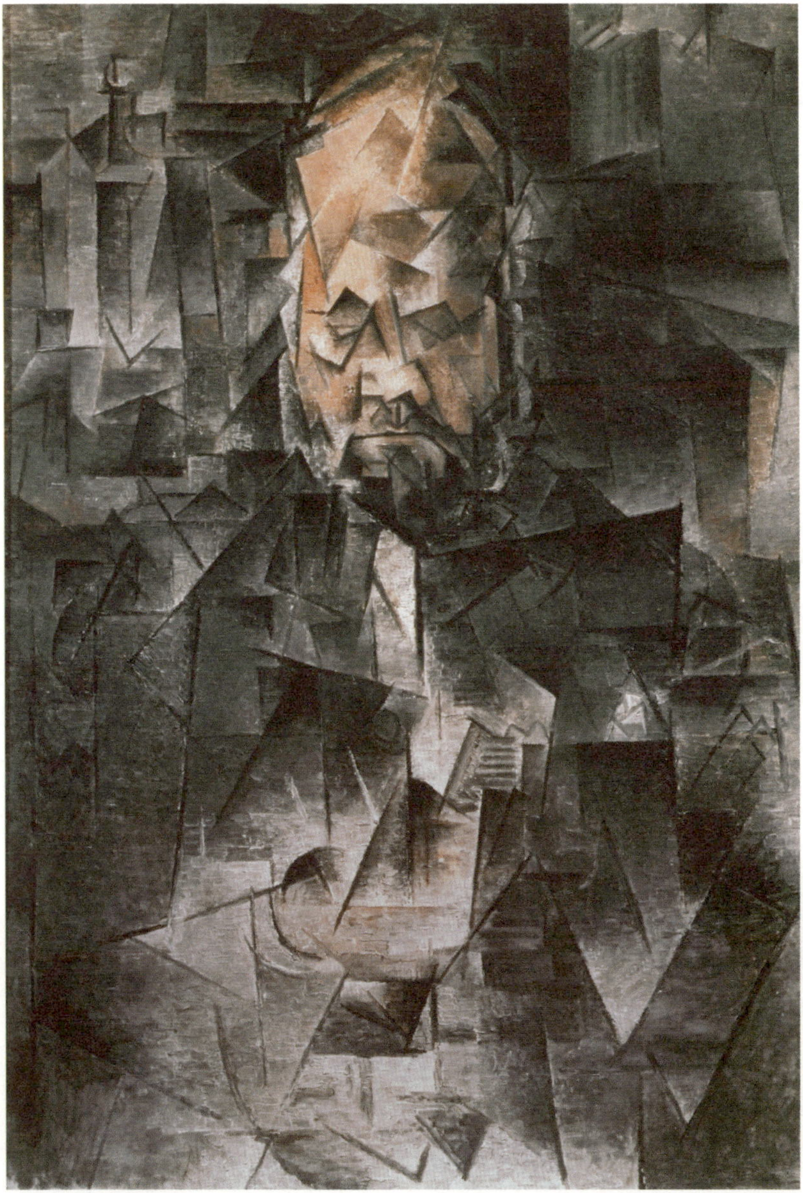

有时候，肖像画可能首先是一件艺术品，然后才是一个人的肖像，毕加索绘制的安布鲁瓦兹·沃拉德肖像即为一例。画中的主人公沃拉德是一位画商，毕加索的这幅画完成于 1910 年。此时，他正在潜心钻研所谓的"分析立体主义"，放弃了中心透视，将人物形体分解成一小块儿一小块儿的立方体，期间他创作的作品主要是一些友人的肖像画。

在这件作品中，不仅沃拉德的脸和身体被划分为许多棱角分明的多面体，他身后和周边的空间也用了这种方法进行处理，这也使得人物不再像传统绘画中那样独立于背景之上。此外，这是一幅"全方位"的绘画，画家绝对无法从单一的角度和位置得到这样的观察效果。他从多个角度分析了主人公的面部及身体特征，并且将分析的结果展示在画面上，比如沃拉德的鼻子就是由从不同角度观察到的样子拼凑而成的。最让人感到惊讶的是，尽管人物形象被解构了，但是依然可以辨别。我们能从这些碎片中找出人物高耸的鼻子、光秃宽阔的前额、闭着的眼睛，甚至双手的位置。这些特征都能让熟悉画中主人公的人高呼："这就是沃拉德。"

为什么毕加索会如此确信我们能从锯齿状、破碎而又杂乱的几何形状中辨别出人物的五官呢？这是因为人类的视觉非常神奇，当我们去观察一个人或事物时，我们并不只是单纯地去看，而是会联想到所观察物象的各个方面。有些方面特别突出以至于我们能一下子辨认出来，还有一些方面就有点儿模糊了。这些混杂的形象会让画面最终呈现出来的效果与我们肉眼看到的不太一样，但最终我们的脑海里还是会浮现出这个特定的人或事物的形象。

5 年后，毕加索模仿安格尔的风格，为沃拉德画了一幅出色的素描肖像。

我们从这些碎片中仍能找出人物高耸的鼻子、光秃宽阔的前额、闭着的眼睛

画面中，人物和背景清楚地分开，沃拉德本人、座椅、衣服都被清清楚楚地表现了出来。你认为这幅画相较早先那幅立体主义风格的肖像，哪幅更能打动人呢？

毕加索是20世纪上半叶最重要的艺术家之一。他不但是一位著名的画家，同时他在雕塑领域也有很大的影响力，后来他还探索了版画、拼贴

身体被划分为许多棱角分明的多面体

画和陶艺等多个领域。然而,他最突出的贡献是和乔治·布拉克共同开创了立体主义画派。立体主义的诞生是艺术史上一个至关重要的转折点,它的出现打破了写实主义统治西方艺术的局面。立体主义艺术家们放弃了传统的透视法则,将我们日常生活中的物象提取、分解成许多个部分,然后根据新的逻辑将它们重新组合成统一的审美对象。对于立体主义艺术家来说,画面的艺术性必须超越视觉上的真实性。

安布鲁瓦兹·沃拉德像
巴勃罗·毕加索
1915年　46.7cm×32.1cm
藏于纽约大都会艺术博物馆

玫瑰画室

亨利·马蒂斯（1869—1954），法国著名画家、雕塑家、版画家，野兽派创始人和主要代表人物。他的《画家札记》生动地论述了自己的艺术观，对现代绘画影响极大。

1911年
180cm×221cm
布面油画

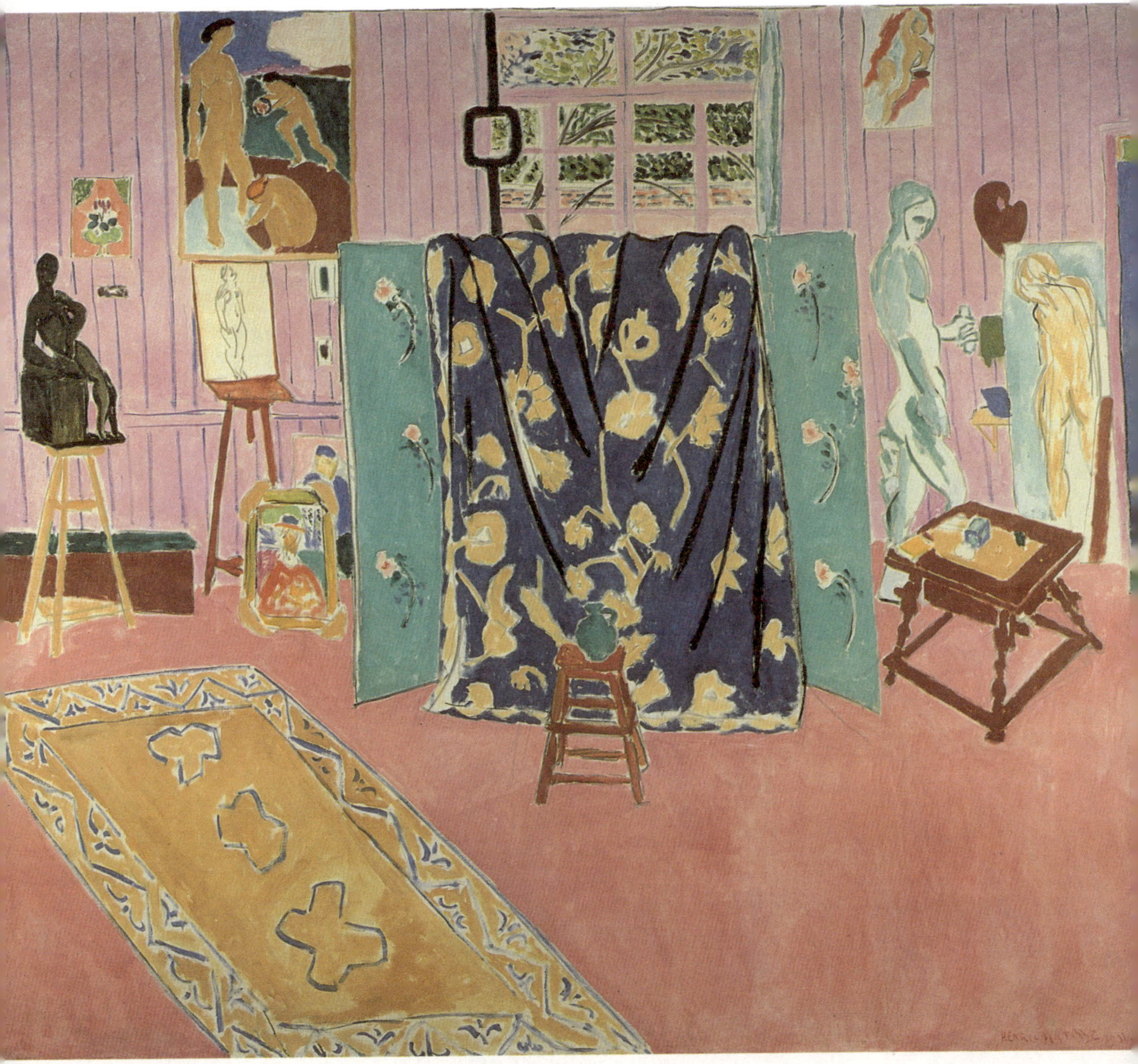

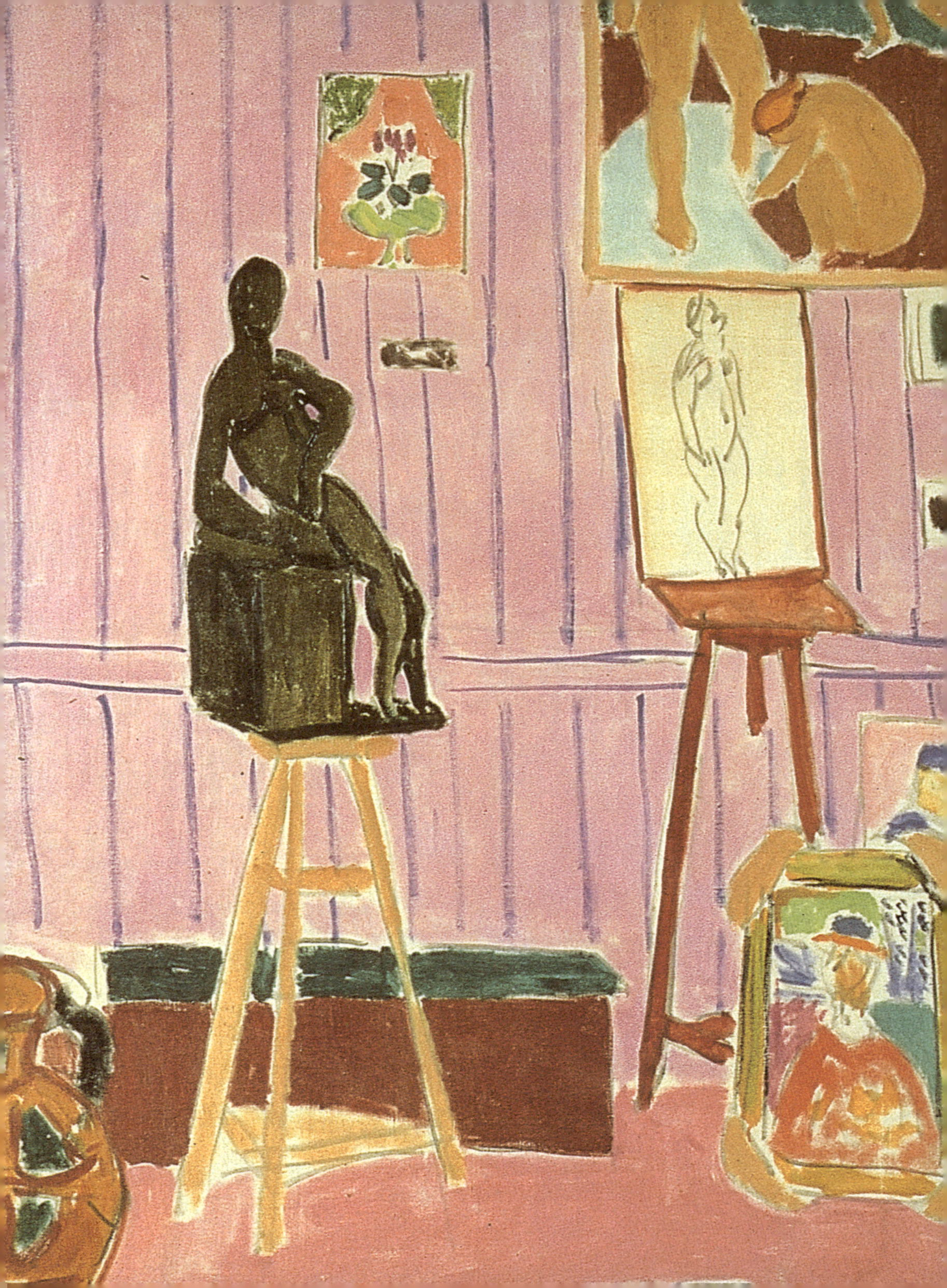

马蒂斯晚年创作了大量描绘日常生活的作品,《玫瑰画室》就是其中之一,这幅画描绘了他在伊西莱穆利诺的画室。

这幅画体现了色彩在野兽派画家作品中的重要性。这幅画的主色调是玫瑰色,玫瑰色是感性且具有慰藉效果的颜色。事实上,马蒂斯画室的墙壁是白色的,他好像在用色彩表达这间画室温暖又舒适,令人愉悦。他对画面中每件物体的颜色进行了反复修改,希望用色彩引发观众的情感共鸣。用他自己的话来解释,"我不能复制自然,我必须解释自然""即使偏离自然,艺术家也必须确信这样做是为了更充分地传达自然"。

马蒂斯以一种简单而有条理的方式来描绘物体,以线条勾勒出的图案与平涂的色块组成了跃动的画面。我们可以感受到,马蒂斯对房间中的物品进行了精心排布,画作、雕塑和东方织物,各种色彩、质地的物品都被放在玫瑰色的背景中,画面色彩鲜明、造型扁平,因此呈现出装饰画的特点。此外,《玫瑰画室》是马蒂斯对他日常生活的记录,里面摆放着令他骄傲的作品。用他自己的话来说就是:"被你热爱的事物包围,它们会不断地给你带来灵感。"

← 画架上的青铜雕塑《装饰人物》(1908 年)是艺术家最有名的雕塑作品之一;墙壁上挂着的女人画像为《奢华 II》(1907 年—1908 年);放在地板上的画是《绿眼睛女孩》(1909 年)

搭在板子上的深蓝色碎花毯子非常华美

这块没画全的东方地毯,仿佛在邀请画面之外的观众进入马蒂斯的世界

《玫瑰画室》就像一篇明亮鲜活的"随笔",马蒂斯试图通过他那轻松的绘画手法和孩童般的创造力,带给观众愉悦的视觉体验,他认为"这样的作品应成为舒适的精神安乐椅"。

马蒂斯出生在法国最北部的勒卡托,年少时经商的父母将他送到巴黎学习法律,学成后进入了地方法院工作。1889年,他因为手术而休息,在这期间,他开始接触绘画。从此,画画变成了马蒂斯的最爱,并最终成了他的职业。他喜欢运用大胆的色彩和活泼的线性图案进行创作,使作品带有原始的美感且充满活力,因而被称为"野兽派"。

马蒂斯创作过四件以背影为主题的青铜浮雕作品,画面中的这件就是其中之一

这幅画的色彩、人物轮廓和马蒂斯的油画《披着白围巾的女人》一致

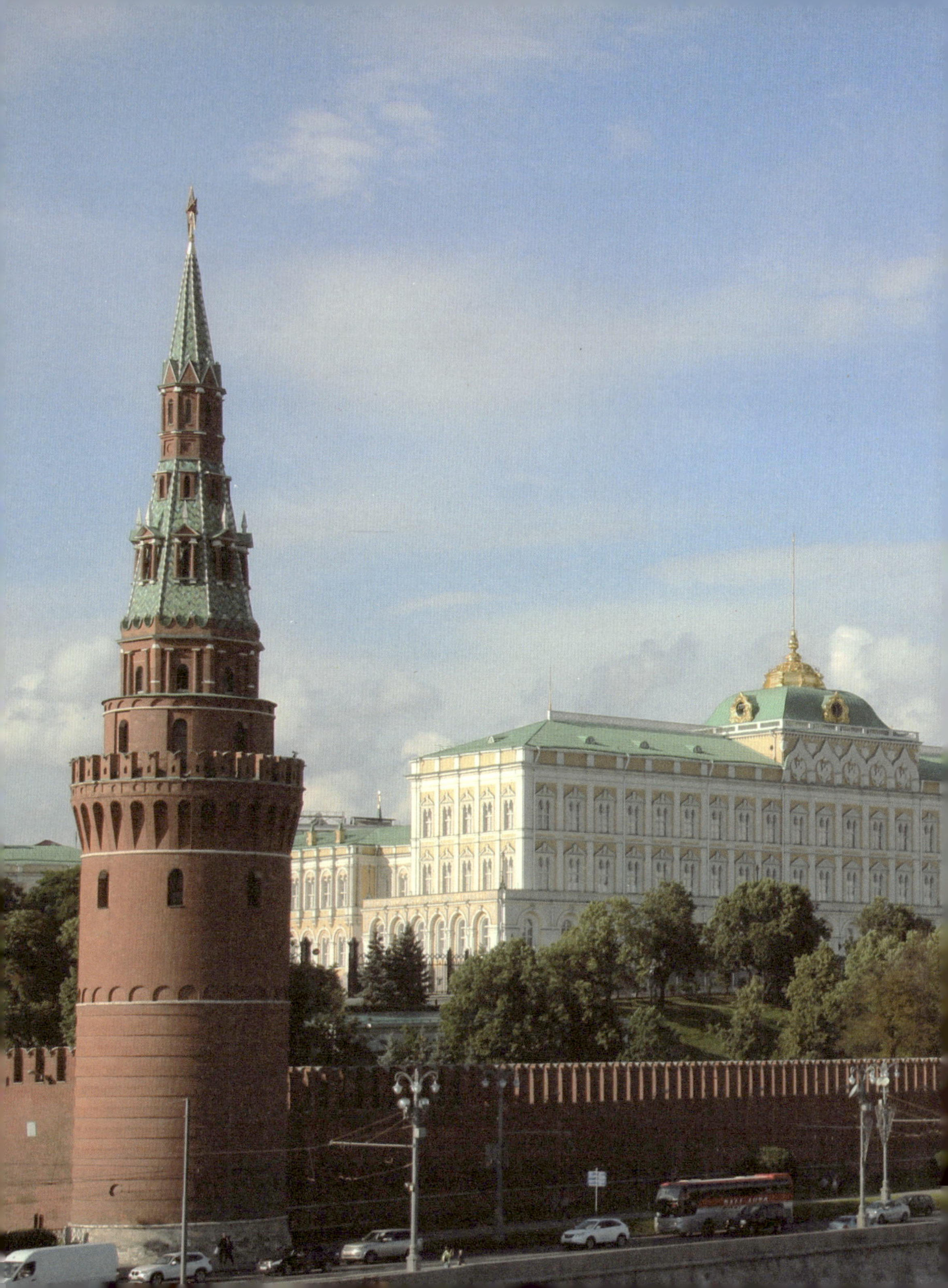